Jean Rousseau

À l'écoute du Soleil levant Tome 1

Jean Rousseau

À l'écoute du Soleil levant Tome 1

Récits de Création dans la Bible

Éditions Croix du Salut

Impressum / Mentions légales
Bibliografische Information der Deutschen Nationalbibliothek: Die Deutsche Nationalbibliothek verzeichnet diese Publikation in der Deutschen Nationalbibliografie; detaillierte bibliografische Daten sind im Internet über http://dnb.d-nb.de abrufbar.
Alle in diesem Buch genannten Marken und Produktnamen unterliegen warenzeichen-, marken- oder patentrechtlichem Schutz bzw. sind Warenzeichen oder eingetragene Warenzeichen der jeweiligen Inhaber. Die Wiedergabe von Marken, Produktnamen, Gebrauchsnamen, Handelsnamen, Warenbezeichnungen u.s.w. in diesem Werk berechtigt auch ohne besondere Kennzeichnung nicht zu der Annahme, dass solche Namen im Sinne der Warenzeichen- und Markenschutzgesetzgebung als frei zu betrachten wären und daher von jedermann benutzt werden dürften.

Information bibliographique publiée par la Deutsche Nationalbibliothek: La Deutsche Nationalbibliothek inscrit cette publication à la Deutsche Nationalbibliografie; des données bibliographiques détaillées sont disponibles sur internet à l'adresse http://dnb.d-nb.de.
Toutes marques et noms de produits mentionnés dans ce livre demeurent sous la protection des marques, des marques déposées et des brevets, et sont des marques ou des marques déposées de leurs détenteurs respectifs. L'utilisation des marques, noms de produits, noms communs, noms commerciaux, descriptions de produits, etc, même sans qu'ils soient mentionnés de façon particulière dans ce livre ne signifie en aucune façon que ces noms peuvent être utilisés sans restriction à l'égard de la législation pour la protection des marques et des marques déposées et pourraient donc être utilisés par quiconque.

Coverbild / Photo de couverture: www.ingimage.com

Verlag / Editeur:
Éditions Croix du Salut
ist ein Imprint der / est une marque déposée de
OmniScriptum GmbH & Co. KG
Heinrich-Böcking-Str. 6-8, 66121 Saarbrücken, Deutschland / Allemagne
Email: info@editions-croix.com

Herstellung: siehe letzte Seite /
Impression: voir la dernière page
ISBN: 978-3-8416-9958-9

Copyright / Droit d'auteur © 2015 OmniScriptum GmbH & Co. KG
Alle Rechte vorbehalten. / Tous droits réservés. Saarbrücken 2015

À L'ÉCOUTE DU SOLEIL LEVANT
TOME 1

RÉCITS DE CRÉATION DANS LA BIBLE

Jean Rousseau

PROLOGUE

"Et l'Esprit de Dieu planait sur les eaux"

Ces mots que nous lisons dans le second verset du premier chapitre du premier livre du Premier Testament ouvrent sur une histoire de Vie. Car l'Eau et l'Esprit sont les deux sources de Vie, à des niveaux différents, biologiques et spirituels, même si la Vie est UNE. Dans les derniers versets du dernier livre du Deuxième Testament, le Livre de l'Apocalypse, nous retrouvons l'Eau et l'Esprit. D'une extrémité à l'autre la Bible est une histoire de Vie, donc qui nous concerne. En particulier les récits de Création dont ces versets marquent le début.

Parler des récits de Création dans la Bible devrait peut-être être réservé à des experts en la matière. Or je vous préviens d'emblée, lecteurs et lectrices, que je ne suis ni théologien, ni exégète, ni philosophe, ni anthropologue ou archéologue. Alors, qu'est-ce qui me donne cette audace de parler sur un tel sujet? Ma réponse est plurielle. D'abord je crois, avec nos frères juifs, que par la Bible Dieu s'adresse personnellement à chacun et chacune d'entre nous, et que nous avons le droit à notre propre interprétation et même le droit de proposer cette interprétation, mais pas de l'imposer aux autres.

L'écoute du Soleil levant, c'est l'écoute de ce que notre subconscient et l'inconscient collectif ont cherché à nous communiquer en profitant du fait que notre mental avait, pendant quelques heures, abandonné sa valse folle quotidienne. C'est aussi l'écoute des messages que, par la même occasion, ont cherché à nous transmettre tous les êtres non matériels qui peuplent le cosmos et "toute la milice de l'armée céleste" qui nous accompagnent dans notre cheminement, notre croissance. Se réserver un temps de non-activité et de pensée minimale dès notre réveil, avant d'entreprendre les tâches ménagères ou professionnelles, est sans doute le plus beau cadeau que nous puissions nous faire. Ce livre vous révélera un peu de ce que ces moments précieux, que je me réserve à chaque réveil, m'ont apporté.

En outre je suis un être humain comme les autres et à moi s'adresse cette injonction gravée sur le fronton du Temple de Delphes: "Connais-toi toi même." Savoir un peu d'où l'on vient et où on va peut certainement aider à se situer dans l'espace et le temps; même si depuis Albert Einstein et ses successeurs nous sommes devenus conscients que ces notions d'Espace et de Temps ne sont pas aussi figées dans une seule définition que nous avons tendance à le penser.

Le temps, en particulier, n'est pas forcément linéaire même si c'est ainsi que nous le percevons. Nous sommes habitués à la loi de causalité où telle cause, située dans une progression temporelle à sens unique, engendre une ou des conséquences postérieures dans cette progression. La science quantique permet d'envisager que c'est l'événement qui se produit aujourd'hui qui a causé, précédemment selon "notre" temps, un autre événement qui l'a rendu possible. Autrement dit, le futur précède ou guide le passé. Cela signifierait que les événements évoqués dans les récits de Création en particulier trouvent leurs significations, entre autres, dans ce que nous vivons aujourd'hui. Ces récits sont précieux pour ceux et celles qui sont en quête de sens et sont prêts à aller plus loin qu'une lecture superficielle.

Je crois également que la Création a une dimension spirituelle que, pendant quelques siècles, les scientifiques ont eu tendance à rejeter, principalement à cause de l'image erronée qu'en donnait la majorité des religions. Là encore les savants évolués, trop peu nombreux hélas, ont réussi à se libérer du "préjugé matérialiste" qui domine encore la recherche et l'éducation scientifique. Pourtant qui dit "préjugé" dit "non scientifique", mais nous avons tous et toutes nos aveuglements volontaires et nos zones de confort illusoire. Or la science récente de l'infiniment petit, comme d'ailleurs de l'infiniment grand, a fait éclater notre vision de ce qu'on appelle la matière au point d'y découvrir une dimension que l'on peut à juste titre qualifier de spirituelle. Trop souvent cette dimension spirituelle de la matière échappe encore aux religions établies, même si elles se voudraient les dépositaires et les gestionnaires exclusifs de cet esprit. Mais voilà, c'est le privilège de l'Esprit de souffler où il veut et dans la direction qu'il juge bon de choisir!

Les mythes et autres textes "inspirés" sont tous porteurs de cet esprit – je dirais même de ces esprits – et c'est pourquoi il est criminel de les enfermer dans une signification unique et exclusivement rationnelle. Certaines langues sont plus aptes que d'autres à véhiculer la richesse de sens qui existe dans toute réalité. C'est le cas en particulier du Sanskrit et de l'Hébreu, comme de la langue des poètes et des troubadours. C'est Annick de Souzenelle qui m'a ouvert les yeux sur la richesse de la langue hébraïque. Puis la lecture des divers tomes de son ouvrage, *"Alliance de Feu"*, m'a donné l'audace d'aborder le sujet dans une série d'émissions radiophoniques sur ce sujet, diffusées au tournant du millénaire.

Je venais de terminer une série d'émissions sur le thème des Béatitudes qui m'avait été demandée, à la dernière minute, pour boucher un trou dans la programmation des animateurs de Radio Ville-Marie à Montréal. C'était ma première expérience à la radio, mais ce travail express avait été rendu possible à partir de la recherche déjà effectuée pour mon livre *Les Béatitudes, un itinéraire*. Quand, après avoir pré-enregistré dix émissions durant la même semaine, j'étais allé dire adieu au directeur des programmes, il m'avait demandé ingénument: "Pouvons-nous compter sur vous à l'automne prochain?" Je l'avais averti qu'il faudrait que ce soit court car je n'avais pas d'autre sujet où le travail de recherche soit déjà exécuté. J'évoquais deux ou trois sujets possibles, mais la mention des Récits de Création dans la Bible illumina son visage d'une façon qui ne trompait pas: c'était là mon sujet.

En fait la lecture d'*Alliance de Feu* m'avait ouvert de tels horizons nouveaux que j'étais heureux de pouvoir offrir à un public élargi quelques-unes des richesses de cette étude sans qu'il ait besoin de lire les quelque quatorze cents pages de cette œuvre monumentale. Quand on le peut, il est important de faire œuvre de libération. Une bonne proportion du Christianisme occidental semble être esclave d'une conception du monde figée où le "prêt-à-penser" est valorisé par rapport à l'Esprit et justifié par des textes dont on a fixé la signification, rationnelle, une fois pour toutes. On a emprunté la sagesse d'une civilisation précédente mais sans consulter le mode d'emploi dont je parlais plus haut. Il n'y a pas la bonne compréhension du texte qui, dans le cas qui nous intéresse ici, pourrait faire oublier cette affirmation de Paul aux Romains: "La Création toute entière gémit dans les douleurs d'un enfantement qui dure encore." C'est parce que la Création dure encore que les récits de création des diverses traditions culturelles ou religieuses sont si importants. Ils essaient d'être le miroir de ce que nous vivons et d'expliquer certains de nos comportements. C'est ce même Paul de Tarse qui nous situe déjà dans le désir de Dieu avant même le début de la Création. C'est en tout cas ce qu'il essaie d'expliquer aux Éphésiens de son époque: "Dieu nous a choisis dans le Christ, avant que le monde fut créé…" (Eph. 1,4)

Les mythes de Création ont été trop longtemps interprétés avec une approche dualiste biaisée, privilégiant la lumière au détriment de l'ombre, alors que les anciens Égyptiens essayaient d'équilibrer toujours l'ombre et la lumière comme moyen de contrôler le mal dans le monde. Ces mythes datent d'une époque où toutes les catastrophes naturelles étaient attribuées à une action directe de Dieu. Mais, si Dieu est considéré comme "bon", ces cataclysmes sont alors perçus comme punition divine pour la méchanceté des êtres humains, ouvrant la porte à toutes sortes de culpabilités. La culpabilité et la peur sont un bon moyen de contrôle et de manipulation des foules. Mais la science quantique n'exclut pas que la peur ou la culpabilité d'un grand nombre de personnes puissent changer, voire amplifier, les effets des catastrophes naturelles, alors que l'amour et la solidarité auraient un effet apaisant sur les caprices de la nature.

Ce livre n'a pas l'intention d'épuiser le sujet annoncé. Ce que l'on appelle, dans notre monde, la "période historique" est ridiculement limitée dans l'espace comme dans le temps. Elle est centrée sur le seul système solaire en ignorant le Cosmos. Elle s'étend sur un maximum de quelque douze mille ans à comparer à des millions d'années de vie sur notre planète. D'autres précisions sur notre passé nous parviennent de diverses sources que l'on ne peut plus repousser du revers de la main. Les quatre premiers versets du chapitre six du livre de la Genèse avaient à peine été mentionnés lors de mes émissions, il y a quinze ans. Je n'en ai jamais entendu parler en Christianisme. Il s'agit de ces quelques lignes qui évoquent des unions entre les dieux et les "filles des hommes". À une époque où des milliers de pages se publient qui pourraient aider à comprendre pourquoi ces versets se sont trouvés incorporés à la Bible, il serait malhonnête de ne pas au moins ouvrir le dossier. Nous le ferons de façon très modeste au chapitre six de ce livre. Modeste parce que des informations nouvelles nous parviennent presque à chaque jour. Modeste aussi parce ce que ce n'est pas le but de ce livre. Or, beaucoup de gens sont tellement étrangers à une telle vision possible de nos origines et de notre préhistoire qu'ils risqueraient de refermer le livre en rangeant soigneusement l'auteur dans la catégorie des farfelus. Ce qualificatif ne me gêne pas. Je pense qu'un jour ou l'autre il s'applique à tous les chercheurs de vérité. Jésus n'y a pas échappé et c'est sa propre famille qui pensait qu'il avait perdu la raison. Paul a connu le même genre d'expérience face à l'Aréopage d'Athènes. N'était-il pas tout aussi farfelu pour les auteurs bibliques d'inclure sans autre explication ces quatre versets dans la Bible? Gardons à l'esprit l'essentiel du message que voudrait livrer cet ouvrage et qui est appel à faire un premier pas pour se libérer, pour tenter de se débarrasser de certaines mal croyances dans le but de se reconnecter à la Source de la Joie.

Oui, la Joie! Car la Joie est au cœur de la mystique juive. La Torah débute par ces récits de Création de la Genèse dont nous nous mettons à l'écoute. Or pour moi, si on entend la Torah sans qu'elle soit pour nous source de Joie et de Liberté, c'est que l'on n'a pas saisi le sens qu'elle contient pour nous en particulier. On a parfois l'excuse temporaire de s'être laissé piégé par l'initiative d'un scribe grincheux et trop zélé ou par un traducteur qui a privilégié un sens du texte situé à l'opposé de celui qui nous est adressé. Si ce livre ne vous apporte pas la Joie de la Torah, puisse-t-il au moins vous donner l'envie d'en chercher un autre, et un autre encore jusqu'à ce que vous ayez découvert le message personnel d'Amour que Dieu a pour vous!

Je préviens tout de suite les lecteurs et lectrices qu'ils trouveront des redites dans ces pages. Cela est dû en partie à la façon dont cette réflexion a vu le jour. À la radio, on parle à des gens qui suivent régulièrement la série mais aussi à des auditeurs et auditrices occasionnels, immobilisés dans un embouteillage ou cherchant à ne pas s'endormir au volant sur l'autoroute. Les idées qui sortent un peu de l'ordinaire ont besoin d'être ré-expliquées régulièrement. Cependant je n'ai pas cru bon de supprimer toutes ces redites lors du passage au format livresque, précisément parce que les idées nouvelles ont besoin d'être souvent répétées pour faire leur chemin dans nos mentalités. Là où cela vous apparaîtra comme du radotage, je vous prie tout simplement de bien vouloir m'excuser ou de mettre cela sur le compte de mon grand âge.

INTRODUCTION

Nous allons nous mettre à l'écoute des récits de création, tels que nous les trouvons dans les 11 premiers chapitres du livre de la Genèse, et, de façon plus épisodique, ailleurs dans la Bible, y compris dans le Nouveau Testament. Pourquoi les récits de création de la Bible alors qu'il y a des centaines de récits de création d'autres cultures? Eh bien précisément parce que ce sont les récits de notre culture et qu'on ne change pas de culture du jour au lendemain. C'est un sujet passionnant et fondamental, mais tout le monde s'accorde pour reconnaître que c'est un sujet difficile, pour ne pas dire dangereux, précisément parce qu'il est fondamental, au sens littéral du mot, parce qu'il est le fondement de beaucoup de croyances et de mal croyances. Un sujet à se faire brûler comme hérétique dès qu'on y touche! Mais ce n'est pas par peur du bûcher qu'il nous faudra être prudent; relire avec des yeux neufs les récits de création, c'est comme exécuter une reprise en sous-œuvre d'un bâtiment. Le but n'est pas d'ébranler la solidité de l'édifice, mais, au contraire, de lui donner une assise plus stable; non pas de créer de nouvelles fissures dans les murs, mais d'éviter que les fissures existantes ne continuent à se propager.

La Bible nous apprend comment lire la Bible. Rappelons-nous le combat de Jacob avec cet envoyé de Dieu, toute une nuit, près du gué de Yaboq. C'est à l'issue de ce combat que Jacob devient celui que, de tout temps, il était appelé à être, et reçoit son vrai nom, Israël, c'est-à-dire "fort contre Dieu". De la même façon, un peu incompréhensible, Moïse aura à se battre contre un envoyé divin au retour de son exil au pays de Madian, avant d'aller rencontrer le pharaon. Il faut de même parfois accepter de se battre avec un texte, fut-il d'inspiration divine, jusqu'à l'aube d'une conscience nouvelle. Il ne s'agit pas de changer le récit, mais d'en ouvrir l'interprétation.

Tout d'abord, je voudrais donner à ces récits le nom qui leur convient, celui de mythes. Je n'ai pas utilisé ce mot dans le sous-titre de ce livre à cause d'un des sens de ce mot dont le dictionnaire nous dit qu'il désigne une construction de l'esprit qui ne repose pas sur un fond de réalité. C'est là, en quelque sorte, la définition des mythes par tous ceux qui n'accordent de valeur qu'à la pensée rationnelle. Alors qu'en fait, les mythes sont sans doute beaucoup plus réels que ce que nous exprimons rationnellement. C'est cette réalité qui permet aux mythes de création d'avoir une signification très actuelle pour notre présent et pour l'édification du futur.

Mais les mythes, comme les symboles, donnent une orientation, pas une définition. Les mythes suggèrent sans imposer. Ils sont comme des récits initiatiques qui nous révèlent une part de ce que nous sommes et nous invitent à grandir pour réaliser cette part de nous-mêmes. De la même façon, les grottes préhistoriques de Lascaux ou d'Almavira contiennent un message pour l'humanité du vingtième siècle, si elle accepte de se laisser questionner. Les mythes suggèrent sans imposer, et c'est ce que je m'efforcerai de faire tout au long de ces pages. Je dirai comment ces textes me parlent, à moi, aujourd'hui. J'aurai, pour le faire, à me tenir aussi près que possible du texte original, le texte hébreu qui permet une multitude d'interprétations. Dans toute cette richesse, j'aurai à privilégier une traduction et c'est déjà là, faire un choix de sens, de sens au pluriel, mais cependant en restant très en deçà de ce que peut véhiculer la langue hébraïque. Cette traduction sera même parfois difficile à comprendre, à première lecture, et c'est pourquoi je m'efforcerai de faire suivre chaque citation de commentaires destinés à aider les lecteurs et lectrices aujourd'hui, dans la situation où ils ou elles se trouvent et où la parole de Dieu cherche à les rejoindre pour donner sens à leur vie.

Explicitons davantage cette notion de mythe. On pourrait utilement partir de la définition suivante: un mythe sapientiel, c'est-à-dire porteur de sagesse, est un récit qui, par une mise en scène concrète et située dans les temps originels, s'efforce d'exprimer une sagesse sur l'être humain de tous les temps et pour l'être humain de tous les temps. Donc, les mythes de création sont toujours actuels, peut-être parce que la création est toujours en cours, mais surtout, parce que leur signification a valeur pour nous, ici, aujourd'hui. Toutes les civilisations, de même que presque tous les groupes ethniques, ont leurs mythes fondateurs. Réactualiser les mythes fondateurs, c'est voir leur signification pour nous, aujourd'hui. Il ne s'agit pas là d'un exercice intéressant et facultatif, mais de quelque chose de tout à fait essentiel, fondamental. Un mythe de création est une source de régénération, de nouvelle naissance, et c'est pourquoi les civilisations et les cultures qui n'ont pas oublié leur quête de sens, prennent soin de les rappeler à intervalles réguliers, pour réorganiser la vie. Pour les chrétiens, cela se produit lors de la veillée pascale, mais malheureusement au cours d'une célébration très chargée et qu'on essaie sans cesse de raccourcir, au risque de sauter à pieds joints par-dessus les significations multiples. La liturgie byzantine, elle, prend bien soin de relire les mythes de création avant toutes les grandes fêtes du Christ, et c'est le nouveau Catéchisme de l'Église catholique qui prend la peine de nous le signaler au paragraphe 281.

La montée de la violence dans nos sociétés modernes est peut-être liée à cette perte de contact avec nos mythes fondateurs. Comme le remarque Jamake Highwater, un amérindien: "Si on détruit l'expérience d'un peuple, ce peuple devient destructeur." Dans la même ligne de pensée, Élie Wiesel déclare: "C'est en racontant les récits bibliques, après certaines expériences de vie et de mort, qu'on les comprend." C'est à partir de la vie que l'on accède à la compréhension de la parole de Dieu. Dans les expériences de vie et de mort dont Élie Wiesel parle, il pensait au massacre des Juifs par les nazis. Mais qui de nous a pensé à relire l'histoire de Qaïn et Habel après les événements du Rwanda et les drames qui se sont continués dans l'ex-Yougoslavie ou même en Irlande du Nord, et devant la violence qui augmente dans nos villes et jusque dans nos écoles? On pourrait encore citer cette remarque du sage taoïste Lao Tseu: "Pouvoir connaître le commencement du passé, c'est tenir le fil de l'homme de demain." Et cela peut-être parce que c'est s'unir au monde tel qu'il est ou tel qu'il est en train d'être créé conformément au plan de Dieu.

Quand, dans le livre de Job, Dieu entre en scène et dit à Job: "Ceins tes reins, je vais t'instruire", il commence par évoquer la création; mais il l'évoque comme un mystère. Or, il n'y a rien qui empêche les mystères d'être sources de sens, souvent plus que les démonstrations rationnelles.

Il y a toujours le risque de prendre les mythes ou les symboles pour des réalités dans l'espace et dans le temps, d'en faire des récits historiques dont on tire des conclusions intellectuelles et abstraites, ou des images superstitieuses de type pseudo religieux. Ceci n'empêche pas qu'on puisse trouver dans les mythes des inspirations d'origine historique ou préhistorique. Mais le risque est de dogmatiser les mythes, d'en faire des dogmes et de les faire servir à l'élaboration d'une morale masculine, une morale de la loi plutôt qu'une morale de l'amour. Comme un refrain reviendra tout au long de ce livre, cette vérité de la culture bouddhiste tibétaine: "La connaissance sans amour est un poison mortel." Si nous nous penchons sur nos mythes fondateurs, ce n'est pas pour y trouver une même règle pour tous, car les mythes, comme les symboles, réunissent en général les sens les plus opposés dans une vue unifiée. Les mythes, comme les symboles, sont liés à une expérience, une expérience qui semble puiser à des sources très variées. En les étudiant, nous cherchons à nous rattacher à nos origines communes, au-delà des races.

Tout ce préambule pour entrer dans l'univers des mythes peut nous paraître difficile. Peut-être pourrait-on le résumer en disant qu'il s'agit de retrouver une âme d'enfant, comme nous y invite l'Évangile; une âme où le mental n'empêche pas l'émergence de l'inconscient, du non rationnel. Les mythes sont là pour nous aider à ramener à la conscience ce qui relève de l'inconscient, sans en perdre trop au passage, comme cela arrive souvent quand nous cherchons à nous souvenir de nos rêves. De fait, on constate que bien souvent les progrès de la conscience chez une personne sont annoncés par des rêves qui contiennent des éléments de mythes de création. Certains de ces mythes non bibliques peuvent être très simples, ne révélant que l'un des aspects du créateur ou de la création. Tel, par exemple, ce récit amérindien qui nous montre le Grand Esprit perplexe et contrarié à la vue de deux écureuils, car, malgré tous ses efforts, il ne parvient pas à trouver la moindre différence entre eux. Puis, tout-à-coup, il découvre sur le pelage de l'un d'eux, une minuscule tache qui n'est pas sur l'autre. Alors le Grand Esprit peut se détendre; il n'y a pas deux êtres semblables dans sa création.

Essayons donc d'accueillir les mythes de création, non pas comme des phénomènes extérieurs, situés à l'origine des temps, mais comme un processus de croissance pour l'être humain de tous les temps, processus qui le place en correspondance, en harmonie avec l'univers. Et surtout rappelons-nous que le mythe, comme le symbole, n'est jamais expliqué une fois pour toutes. C'est sans doute pourquoi, aussi bien le Nouveau Testament que l'Ancien, sont la base, avant tout, de religions de l'écoute, qui laissent libre cours à l'interprétation, plutôt que des religions de la vue, les images vues ayant un impact plus brutal qui fige facilement les interprétations. Les paraboles, elles aussi, sont des images transmises à notre écoute, pas directement à la vue, et chacun peut se représenter la scène comme il le veut.

Cette pédagogie de la Bible est nécessaire parce que Dieu n'a pas créé un monde fixe mais un monde en évolution. L'Apôtre Paul l'affirme dans sa lettre aux Romains au chapitre 8: "La création tout entière gémit dans les douleurs d'un enfantement qui dure encore...", et le début de l'Évangile de Jean place l'Incarnation du Christ, Verbe de Dieu, au cœur de la Création: "Tout a été fait par lui et rien de ce qui a été fait n'a été fait sans lui, etc." Le Christ ne vient pas révéler un Dieu qui aurait été créateur, mais un Dieu qui crée. Toutes les épîtres de Paul parlent d'une création nouvelle en Jésus et l'Apocalypse de Jean évoque une vision du futur où apparaissent ciel nouveau et terre nouvelle. Avant Jésus, comment aurions-nous pu découvrir cette ressemblance de Dieu à laquelle nous sommes invités dès les premiers versets de la Bible?

Les mythes de création ne sont pas derrière nous, ils sont en avant de nous, donnant sens à nos vies pour que la Création advienne. L'Évangile aussi d'ailleurs. Comme le déclarait, au début de 1999, un groupe de jeunes sur les ondes de Radio Ville-Marie à Montréal: "Ce qui est important pour nous, ce n'est pas que Jésus ait multiplié les pains, c'est de savoir si Bill Clinton attaquera l'Irak." Rappelons ce que nous disions précédemment: les mythes de création, comme d'ailleurs l'Évangile, sont là pour nous aider à nous unir au monde tel qu'il est en train d'être créé et à faire ce qui est en notre pouvoir pour qu'il soit créé conformément à l'Amour de Dieu.

Nous aborderons notre lecture au début de la Genèse. De cette lecture jailliront des éclairages nouveaux qui nous permettront de mieux comprendre les Évangiles et les autres écrits du Second Testament. Puis nous aurons à découvrir, en continuité avec les mythes fondateurs, l'Incarnation du Christ comme création nouvelle. Nous prendrons aussi le temps pour un parallèle éclairant avec les mythes de création d'autres cultures. Espérons que nous sortirons de cette démarche avec une vision renouvelée de l'image du

Dieu Père, ce qui est sa façon à lui d'être Créateur. Tout cela comme ouverture au troisième millénaire, car, rappelons-le encore, les mythes de création ne sont pas des histoires du passé mais des lumières allumées pour éclairer notre présent et des portes ouvertes sur le futur.

La traduction de la Genèse que j'utiliserai la plupart du temps au long de ces pages, sera celle proposée par Annick de Souzenelle dans son étude de ces textes intitulée "*Alliance de Feu*". C'est cette traduction qui m'a paru refléter le mieux la richesse du texte hébreu. Je rappelle que ces récits de création sont des mythes qui véhiculent non pas une vérité historique, mais une vérité beaucoup plus importante concernant l'univers, l'humanité et l'Amour de Dieu pour sa création.

Pour les Juifs, la Torah, c'est à dire les cinq premiers livres de la Bible, que l'on appelle aussi le Pentateuque, a 70 niveaux d'interprétation, et le nombre 70 signifie presque une infinité. Les mythes eux aussi ont de nombreux niveaux d'interprétation. Les mythes bibliques ont donc sept fois 70 niveaux d'interprétation. Je donne ici celui qui est le mien aujourd'hui, qui éclaire ma vie aujourd'hui. Je le donne, non pas pour l'imposer, mais pour aider à ouvrir l'esprit à ces textes, avec l'espoir que dans un monde en quête de sens, ces récits puissent aider les hommes et les femmes de notre temps à redécouvrir qui ils sont et où ils s'en vont.

Ce livre se voudrait un appel à la Liberté. Être "pèlerins de la Liberté", c'est peut-être se mettre à redécouvrir qui nous sommes. "Va vers toi!", tel est l'appel de Dieu à Abraham, notre ancêtre pèlerin de la liberté. Puissent ces récits bibliques de création nous aider à être pèlerins de la liberté! Être libre, c'est être libéré de tout ce qui empêche d'aimer.

PREMIER CHAPITRE

Premier mythe de Création de la Genèse

Il y a deux principaux récits de création au début du livre de la Genèse. Le premier (Gn.1,1-2,3), c'est celui que l'on pourrait appeler le récit de la création du monde en six jours. Le second, c'est celui du Paradis terrestre, le jardin d'Éden, avec l'histoire d'Adam et d'Ève. Ce dernier se continue avec l'histoire de Qaïn et Habel. Même si les deux récits sont situés à la suite l'un de l'autre, ils ont des origines différentes dans le temps, dans le lieu et dans la spiritualité de leurs auteurs. Nous les étudierons l'un après l'autre, mais, au fond, pas tout à fait séparément car, si ces récits se suivent dans la Bible, c'est sans doute dû à un de ces hasards si chers à l'Esprit Saint. Commençons donc par le premier récit, celui de la création du monde en six jours, suivis par le repos de Dieu le septième jour.

Ce récit est entré dans la tradition juive lors de la captivité du peuple hébreu à Babylone et il s'inspire fortement d'un mythe de création babylonien, celui du dieu Mardouk. Car, même si les mythes de création de la Bible sont des récits inspirés par Dieu, cela ne les empêche pas de partir de mythes existants qui sont mis en conformité avec la croyance au Dieu des Juifs. De la même façon que pour établir un bail de location, il est commode, afin de ne rien oublier, de partir d'un bail existant pour un logis semblable, de supprimer les paragraphes qui ne s'appliquent pas au nouveau bail et de rajouter au besoin quelques nouvelles clauses pour couvrir les particularités de la nouvelle location. De fait, si on part du mythe babylonien de Mardouk et que l'on en supprime tout ce qui est inacceptable pour la foi juive au moment de la captivité à Babylone, on obtient le premier récit biblique de création. Avec une différence cependant, le travail de Dieu y est réparti sur sept jours au lieu de six. Il apparaît alors clairement que ce qu'ont fait les prêtres juifs à Babylone, c'est de concentrer dans le troisième jour du récit biblique ce qui constituait les jours trois et quatre du mythe de Mardouk; ils libéraient ainsi le septième jour pour qu'il devienne le jour de repos du Créateur. Ce dernier changement est tout à fait justifié par les circonstances: le peuple hébreu est en exil et ne peut donc plus s'identifier ni à sa terre, qu'il ne reverra peut-être jamais, ni à son roi qui a disparu dans le désastre, ni à son temple qui est détruit. Ses nouveaux signes d'appartenance deviennent alors l'observance du sabbath et la circoncision et les textes doivent donner un fondement théologique à ces observances, d'où le repos de Dieu. De la même façon, c'est à cette époque que le récit de la circoncision d'Abraham, père des croyants, se trouve, semble-t-il, ajouté au récit plus ancien de l'histoire d'Abraham.

Premier jour

Commençons donc par lire les cinq premiers versets de ce premier récit de création.

1   *Dans le principe Elohîm crée les cieux et la terre.*
2   *Et la terre est forme et vide, les ténèbres sont sur la face de l'abîme*
    et l'Esprit d'Elohîm plane sur les eaux
3   *Elohîm dit:"La lumière sera", et la lumière est.*
4   *Elohîm voit la lumière qui est accomplie et il sépare entre la lumière et les ténèbres.*
5   *Elohîm appelle la lumière jour et la ténèbre, il l'appelle nuit.*
    Il est un soir et un matin. Jour UN.

Arrêtons-nous ici pour quelques remarques qui vont nous occuper pendant plusieurs pages.

Tout d'abord, je n'ai pas traduit Elohîm par Dieu pour bien identifier le récit. Dans le second récit, Dieu apparaîtra sous le nom de Yahweh ou de Yahweh-Elohîm et nous expliquerons alors la différence.

Le principe n'est pas le commencement comme on le traduit souvent. Dieu lui-même est le principe, l'origine de tout. Dans ce sens, et sans connotation de temps, on aurait pu traduire par : "À l'origine..."

Notons aussi que même si le sens du récit est celui d'une création à partir de rien, ce mythe, comme tous les mythes de création d'autres cultures, n'arrive pas à partir de "rien". Peut-être que le rien est trop inconcevable pour un cerveau humain. Comme nous l'avons souligné dès le Prologue, dès le deuxième verset, l'Esprit de Dieu plane sur les eaux. Peut-être parce que l'eau comme l'Esprit sont deux sources de vie que nous retrouvons tout au long de la Bible et jusqu'aux tout derniers versets de l'Apocalypse. Nous les retrouvons également associés dans la liturgie du baptême.

Au troisième verset, Dieu crée la lumière par sa parole; c'est l'œuvre du premier jour. Soulignons au passage l'analogie avec la théorie du "Big Bang" où les astrophysiciens envisagent également que l'origine de notre monde soit une explosion colossale, il y a environ 14 milliards d'années, suivie par des centaines de millions d'années où il n'y a pratiquement que de la lumière. Cette similitude est aussi en accord avec cet autre récit de création que constitue le début de l'Évangile de Jean. Il y est dit que tout est créé par le Verbe, la Parole de Dieu en qui est la Vie, qui est la Lumière du monde. Pour les astrophysiciens, toute la création serait la conséquence de cette lumière initiale et, en quelque sorte, toute matière pourrait être considérée comme lumière transformée. Ce qui faisait dire à cette lectrice d'Hubert Reeves, astrophysicien canadien: "On m'avait dit que j'étais poussière, mais on avait oublié de préciser que j'étais poussière d'étoiles."

Au quatrième verset, la plupart des traductions disent: "Dieu vit que la lumière était bonne", mais le mot hébreu utilisé dans la Bible pour dire "bon" peut aussi se traduire par "accompli" et ce dernier sens s'accorde mieux avec la traduction littérale: "Dieu vit la lumière parce qu'accomplie." Cette remarque s'applique à toutes les autres étapes de la création qui vont suivre; Dieu voit sa création parce qu'elle est réalisée. Nous garderons à l'esprit cet autre sens du mot Tob , accompli, en particulier quand nous parlerons de l'arbre de la connaissance du bien et du mal, c'est-à-dire de l'accompli et du "pas encore accompli". Si nous disons que la lumière est bonne, ce qui est vrai, n'avons-nous pas tendance à porter un jugement moral et à projeter sur la ténèbre le sens contraire de "laid", "mauvais", "mal". Or cette interprétation du rôle des ténèbres, comme nous le verrons prochainement est souvent à l'opposé du sens biblique. Si nous passons à l'Évangile, nous y voyons que Jésus vient pour "accomplir" et non pas pour abolir et son dernier mot sur la croix est: "Tout est accompli!", tout est bien!

Toujours dans ce quatrième verset du récit, Dieu sépare entre la lumière et la ténèbre. Tout au long des premiers jours de ce récit, nous allons voir Dieu qui sépare, établissant la dualité, condition de la vie et de l'énergie. Nous y reviendrons plus en détail, au niveau du second jour.

Enfin, au cinquième verset, Dieu nomme la lumière et la ténèbre, pour confirmer la réalité de leur existence. Vient ensuite ce refrain que nous retrouverons tout au long du récit: "Il y eut un soir, il y eut un matin." Spontanément, nous aurions tendance à dire: "Il y eut un matin, il y eut un soir, ce fut le premier jour." Mais ici, c'est l'inverse, mettant en quelque sorte l'emphase sur la nuit, le temps entre le soir et le matin. Comme pour dire que le temps de la création, c'est la nuit et que le matin révèle le fruit du travail d'engendrement, de création qui se fait dans les ténèbres. Un enfant passe neuf mois dans la matrice de sa mère avant de venir au monde; or, une matrice est un lieu d'ombre.

À noter enfin que le récit ne parle pas du premier jour comme il parlera du deuxième, du troisième etc. Il dit: "Jour UN." Le mot hébreu utilisé ici pour dire "un" est ehad, un des noms de Dieu. Le jour de la création de la lumière, qui est un attribut de Dieu, est le jour UN, le jour qui fait l'unité de tous les jours; ce jour évoque aussi ce 'dernier jour' qu'on appelait en latin novissimo die, le jour toujours nouveau, le jour qui se renouvelle sans cesse, qui n'a pas de lendemain et c'est en ce sens qu'il est aussi le dernier. Mais peut-être n'a-t-il pas non plus de veille, de hier, il est vie éternelle au delà des concepts de temps.

Au jour UN, on parle déjà de Trinité puisque le texte parle du Créateur, de sa Parole qui crée et dont nous savons qu'elle est le Fils, et aussi de l'Esprit. Le jour UN évoque également ce premier jour de la semaine dont nous parle l'Évangile, le jour de la Résurrection qui est création nouvelle. Que penser du fait que dans le "Prions en Église" du Triduum Pascal de 1997, on avait raccourci le récit de création à la seule demi-journée de la création de l'homme, comme si on pouvait célébrer la Résurrection sans réentendre ce cri du jour UN: "Que la lumière soit!"?

Continuons à parler de cette alternance des jours et des nuits qui rythme ce récit de création. Il y eut un soir, il y eut un matin. Dans ce premier récit de création, ce n'est qu'au quatrième jour que Dieu fera les grands luminaires, soleil et lune, pour rythmer les nuits et les jours. Pourtant, c'est dès le jour Un que le créateur s'impose en quelque sorte le même rythme, nuit-jour, nuit-jour, comme s'il était essentiel à la création, comme si était nécessaire la nuit où mûrit la création, la pensée nouvelle. Le soir, nommé le premier, est condition du matin, le passage dans la matrice, l'utérus, lieu d'ombre, condition de l'apparition d'un être nouveau. Est-ce l'objet créé ou l'alternance des nuits et des jours qui pousse le Créateur à créer? Ce n'est pas une question inutile si nous sommes créés pour être à son image. Le travail extérieur de l'homme commence le matin et s'achève le soir. Son travail intérieur commence le soir et le matin est comme une résurrection. D'où le titre choisi pour ce livre. Nos épreuves, nos périodes d'obscurité sont-elles sources d'un jour nouveau?

Or, il n'y a pas que dans le récit biblique que l'ombre est associée à l'idée de création. Nous le trouvons aussi dans certains mythes de création d'autres cultures, par exemple chez les Esquimaux. Partout, la création jaillit de l'ombre, ou survient après un passage dans l'ombre. On y voit le Créateur qui sommeille et veille, mais son sommeil est sa forme créatrice d'action, de la même façon que bien souvent c'est du silence que vient la parole créatrice, alors qu'un bavardage continu ne crée rien. C'est du silence que vient le mythe, comme une histoire qui soudain demande à être dite, et c'est sans doute grâce au silence que nous parlons aujourd'hui des récits bibliques de création.

"Il y eut un soir." Pensons à tous ces soirs qui marquent la croissance du peuple de Dieu dans la Bible: nuit de la première Pâque, avant la libération d'Égypte; nuits de la marche dans le désert du peuple libéré, où une colonne de Feu le guidait comme la lumière du jour UN, nuit de Noël, nuit de Gethsémani et du reniement de Pierre, nuit de la Résurrection.

Nuits de toutes les souffrances de notre monde qui fait dire au poète Henri Michaux: "Que de soirs pour un seul matin!" Nuits évoquées déjà dans le livre du prophète Isaïe où l'on demande au veilleur: "Où en est la nuit?" Et le veilleur répond: "Je vois l'aube qui point et la nuit encore." Dans la seconde épître de Pierre, l'auteur conseille à la jeune communauté chrétienne éprouvée de "fixer son regard sur la parole des prophètes, comme sur une lampe brillant dans un lieu obscur, jusqu'à ce que luise le jour et que l'étoile du matin se lève dans vos cœurs."

Que de soirs pour un seul matin! Oh, vous tous et toutes qui lisez ces pages, plongés peut-être dans la nuit des deuils, de la souffrance, nous avons été créés pour que la lumière soit. Que la lumière soit! Nos passages par la nuit sont chemin d'accès à une lumière plus grande. Il y eut un soir pour qu'il y ait un matin et la lumière apparaît pour révéler ce que la nuit a accompli en nous, pour que Dieu voit ce qu'il a accompli en nous et par nous.

"Vous êtes la lumière du monde", dit Jésus à ses disciples dans le Sermon sur la Montagne. Oui, mais à condition de ne pas mettre cette lumière sous le boisseau, sous prétexte de cacher nos ombres. Tout au long de nos vies résonne cette parole de Dieu dans la Bible: "Que la lumière soit!".

Deuxième jour

Continuons notre lecture du premier récit de création de la Bible, en essayant de nous laisser rejoindre, au-delà des mots, par ce récit chargé, je dirais presque surchargé, de sens. Non pas pour chercher à tout comprendre, mais avec l'espoir que chacun et chacune de nous puissent y trouver de quoi se nourrir aujourd'hui; car les mythes, comme nous l'avons dit, ne sont pas des histoires du passé, mais sont porteurs d'un message pour chacun de nous, aujourd'hui.

Nous avons déjà lu les cinq premiers versets de ce premier chapitre de la Genèse, qui nous parlaient du jour UN de la création. Aujourd'hui, nous commençons donc avec le verset 6.

6 *Et Elohîm dit: "Qu'il y ait une étendue au milieu des eaux et qu'elle soit séparation entre les eaux inférieures et les eaux supérieures."*
7 *Et Elohîm fait cette étendue et il sépare entre les eaux qui sont au-dessous de l'étendue et entre les eaux qui sont au-dessus de l'étendue. Et il en est ainsi.*
8 *Elohîm appelle l'étendue cieux. Il est un soir, il est un matin, jour deuxième.*
9 *Et Elohîm dit: "Que s'assemblent les eaux qui sont en dessous des cieux en un lieu Un et que le sec soit vu." Il en est ainsi.*
10 *Elohîm appelle le sec, terre, et l'amas des eaux (il l'appelle) mer.*
    Et Elohîm voit parce que cela est accompli.

Arrêtons-nous ici dans notre lecture, même si nous sommes au milieu du troisième jour de la création. Mais notons que cette demi-journée se termine par la phrase qui marque ordinairement la fin de chaque jour de la création: "Et Elohîm voit parce que c'est accompli." Il s'agit là en fait d'une réminiscence du mythe babylonien original, dont nous avons dit précédemment que les prêtres hébreux avaient condensé la troisième et la quatrième journée en un seul jour. Et en même temps nous remarquons aussi que cette même phrase: "Et Elohîm voit parce que c'est accompli", manque à la fin du deuxième jour. Pourquoi? Il peut y avoir plusieurs explications. Je vous en propose une. Vous vous rappellerez que nous avons déjà expliqué pourquoi nous traduisions le mot hébreu *Tob* par "accompli" plutôt que par "bon" ou "bien". À ce moment-là, nous n'avions pas parlé du mot hébreu *Ra,* ordinairement traduit par "mal", mais qu'il est plus juste, dans ce contexte, de traduire par "inaccompli" ou, de façon plus positive, par "pas encore accompli". Ceci ramène la dualité classique entre le bien et le mal à une opposition entre ce qui est accompli et ce qui n'est pas encore accompli. C'est ainsi que la lumière est de l'accompli et les ténèbres du "pas encore accompli", du "pas encore lumière". Le deuxième jour de création est sous le signe de l'eau. Or, l'eau, comme les ténèbres, sont symbole de l'inaccompli. Cela expliquerait que Dieu, même s'il réalise le travail de séparer les eaux d'en bas des eaux d'en haut, ne fait ce jour-là que de brasser de l'inaccompli, ce qui justifierait qu'on ne puisse pas dire qu'il voit ce qui est accompli.

Par contre il crée, au niveau des eaux, une dualité, qui est essentielle à la vie. Nous allons nous attarder un peu sur cette dualité que Dieu établit dans le monde qu'il crée. Nous avons vu précédemment qu'il séparait la lumière des ténèbres. Aujourd'hui, au deuxième jour - et ce chiffre 2 exprime déjà la dualité - il sépare les eaux d'en haut des eaux d'en bas, comme, au troisième jour, il séparera cette fois la terre des eaux d'en bas, c'est-à-dire des mers et des lacs. Au quatrième jour, nous le verrons à nouveau séparer la nuit du jour.

Revenons au texte que nous avons lu tout à l'heure: Dieu dit: "Qu'il y ait une étendue dans les cieux qui sépare les eaux." Certaines traductions parlent de voûte à cause d'une conception ancienne où le ciel était une voûte solide, mais le mot hébreu *Raquia* exprime plus une distance qu'une simple séparation. C'est à la fois la distance qui va permettre l'évaporation des eaux d'en bas pour qu'elles retombent ensuite en pluie, source de vie. Mais c'est aussi cette distance qui crée une tension entre le haut et le bas, comme un espace où il y a place pour croître, pour grandir. Dieu crée un monde en expansion. Il y a un lien entre créer et séparer. Pour que de l'énergie puisse naître d'une génératrice d'électricité, il faut que les pôles positifs et négatifs soient séparés. Dieu crée la séparation qui permettra la croissance. De la même façon, un peu plus tard, nous verrons le texte insister sur le fait que le moindre brin d'herbe, comme d'ailleurs les arbres, est créé capable de semer lui-même sa semence. Et à toutes les espèces vivantes, Dieu dira: "Croissez, multipliez", soit dans les eaux, soit sur la terre.

Dans beaucoup d'autres mythes de création, des mythes non bibliques, il est question de deux créateurs qui sont Père-Ciel et Mère-Terre et qui sont tout d'abord unis dans une étreinte perpétuelle. À ce stade, rien ne peut venir à l'existence car le Père-Ciel est si proche de la Mère-Terre qu'il n'y a pas de place entre eux où quelque chose puisse croître, où la Terre puisse engendrer quelque chose. Le premier acte de la création est donc la séparation de ce couple divin, éloignant suffisamment les partenaires pour que naisse entre eux un lieu où puissent se développer les autres êtres. De la même façon que les eaux d'en haut sont séparées des eaux d'en bas, la terre doit être séparée de l'eau pour que la pluie puisse apparaître à sa surface.

Le mythe de la Tour de Babel, au chapitre 11 du livre de la Genèse, est lui aussi un mythe de création. Dans la plaine de Shinéar, les hommes se rassemblent au point qu'il n'y a plus de distance entre eux, d'autant qu'ils parlent la même langue. Dieu intervient, non pas à cause de leur orgueil comme on le comprend parfois, mais parce que le monde ne peut se bâtir sur l'uniformité. Dieu intervient pour les disperser sur toute la terre et il diversifie leur langage. Mais tous les tenants de la mondialisation ou de la globalisation qui font disparaître les différences sont-ils capables de comprendre le message du mythe de Babel?

Troisième jour

Reprenons notre lecture du mythe. Nous sommes maintenant au verset 11.

11   Et Elohîm dit: "Que verdure la terre, verdure d'herbe semant sa semence, arbres à fruit faisant des fruits selon leur espèce et portant en eux-mêmes leur semence sur la terre et il en est ainsi.

12   Et la terre fait jaillir la verdure d'herbe semant sa semence selon son espèce et l'arbre faisant des fruits qui porte en lui sa semence selon son espèce.
Et Elohîm voit parce que c'est accompli.

13   Il est un soir, il est un matin, c'est le troisième jour."

Arrêtons-nous simplement quelques instants dans notre lecture pour goûter cette merveilleuse description de la vie végétale, fruit de la séparation de la terre et de l'eau, permettant à l'eau comme à la terre de remplir l'une et l'autre leur rôle nourricier.

Quatrième jour

Nous revenons maintenant au texte biblique.

14   Et Elohîm dit: "Qu'il y ait une rupture (encore) dans l'étendue des cieux pour faire séparation entre le jour et la nuit et qu'il devienne des signes des époques,

15   des espaces (de temps) et qu'ils soient deux pour être éclairants dans l'étendue des cieux et pour illuminer la terre, et cela est ainsi.

16   Et Elohîm fait les deux grands luminaires de cette séparation, le grand luminaire
pour présider au jour et le petit luminaire pour présider à la nuit et les étoiles.

17   Et Elohîm donne les luminaires à l'étendue pour présider au jour et à la nuit et

18   pour faire séparation entre la lumière et la ténèbre. Et Elohîm voit parce que c'est accompli.
19   Il est un soir, il est un matin, jour quatrième."

Nous avons déjà noté que cette apparition des deux luminaires qui rythment les jours et les nuits et servent de mesure du temps pour les êtres humains se situait bien après la création de la lumière et l'évocation de cette alternance nuit-jour, condition, semble-t-il, de la création. Cela souligne que la lumière n'est pas identifiée à sa source, qui pour nous est principalement le soleil. Les auteurs du premier mythe biblique de création avaient-ils eu l'intuition ou la connaissance des découvertes de l'astrophysique de ce vingtième siècle où le soleil, dans notre galaxie, apparaît dix milliards d'années après le "Big Bang", source initiale de la lumière? Que ce récit évoque pour certains les luminaires comme suspendus au plafond d'un temple ou à une voûte céleste solide n'empêche pas que les auteurs aient pu avoir des intuitions qui les dépassent, car les mythes viennent en partie de l'inconscient, et c'est pour cela qu'ils peuvent, à leur tour, parler plus facilement à notre inconscient.

Le quatrième jour parle de la création du temps, qui n'est pas un acquis éternel. Mais puisqu'il est créé pour qu'on l'utilise, sachons en faire bon usage pour la Création ou pour le repos.

Cinquième jour

Nous sommes maintenant au verset 20, toujours dans ce premier chapitre de la Genèse.
20   Et Elohîm dit: "Que foisonnent les eaux d'un foisonnement d'âmes vivantes et que l'oiseau vole sur la terre, au niveau de l'étendue des cieux.
21   Et Elohîm crée les poissons, les grands et toute âme de vie: la vie rampante dont foisonnent les eaux selon leur espèce et tout oiseau volant selon son espèce. Et Elohîm voit parce que c'est accompli.
22   Et Elohîm les bénit en disant: "Croissez et multipliez et remplissez les eaux-espaces dans les jours-temps et que l'oiseau se multiplie dans le sec."
23   Il est un soir, il est un matin, jour cinquième.

Notons tout de suite une première chose en ce cinquième jour, c'est que le verbe "créer" y réapparaît soudain. Nous l'avions trouvé dans le tout premier verset, comme dans un titre du récit: "Dans le principe, Dieu crée le ciel et la terre." Puis Dieu disait et ce qu'il disait se réalisait, ou bien il séparait, ou bien il faisait, mais le mot "créer" n'apparaissait plus. Peut-être qu'en créant la lumière il avait créé assez de matière en puissance pour que tout ou presque tout s'en suive; cela rejoindrait les thèses modernes des astrophysiciens. Mais soudain, quand apparaît la vie animale, le mot "créer" réapparaît. Peut-être parce que créer c'est d'abord et avant tout créer de la vie.

Dans le verbe créer, *Bara* en hébreu, il y a le mot *Bar* qui signifie "Fils". Est-ce que cela signifierait que pour Dieu, être créateur et père, c'est tout un? Créer, c'est faire battre le cœur de l'autre. Nous retrouverons le verbe créer par trois fois au sixième jour, quand le texte parlera de la création de l'homme. Créer est le privilège de Dieu, cela évoque la finalité de la création, l'image d'Elohîm, les fils et les filles d'Elohîm que nous sommes appelés à devenir.

Nous remarquons également que les animaux marins et ailés sont qualifiés d'âmes vivantes, ce qui signifie en quelque sorte qu'ils sont porteurs d'une puissance de vie, d'un souffle de vie; le mot *Hayah,* qui est l'adjectif "vivantes" en hébreu, est très proche du mot Yahweh, le nom de Dieu. Il ne lui manque en hébreu que la lettre Vav, le "v", que personnellement j'associe à la parole, au verbe.

Comme il le dira aux êtres humains du sixième jour, Dieu dit aux animaux ailés et aquatiques: "Croissez et multipliez…"

Dans nos rapports avec les animaux, est-ce que nous les voyons comme ces "âmes vivantes" créées par Dieu? Je pense à cette femme d'Amérique centrale entraînée récemment en mer par les eaux déchaînées d'une rivière. Quand on la retrouve six jours plus tard, réfugiée sur un gros arbre flottant, elle explique tout simplement que la veille un oiseau s'est posé un moment sur l'arbre et qu'elle lui a demandé d'aller chercher du secours.

Notons enfin qu'il existe une correspondance entre le jour 1 et le jour 4, le jour 2 et le jour 5, et enfin le jour 3 et le jour 6 de ce récit de création:

-Aux jours 1 et 4, le texte nous parle de lumière et de l'alternance des jours et des nuits.

-le jour 2 voit la séparation des eaux par un espace et le jour 5, l'apparition des animaux qui peuplent les eaux d'en bas et de ceux qui occupent l'étendue entre les eaux d'en bas et les eaux d'en haut.

-le jour 3 voit l'apparition de la terre et le jour 6, dont nous allons parler, verra la création des êtres qui peuplent la terre, animaux et êtres humains.

Sixième jour

Abordons le sixième jour de ce premier récit de création de la Genèse et commençons par nous mettre à l'écoute du texte. Nous sommes toujours dans le premier chapitre de la Genèse, à partir du verset 24.

24 *Et Elohîm dit: "Que la terre produise âmes vivantes selon leur espèce, bétail rampant et les êtres vivants de la terre selon leur espèce, et cela se fait."*

25 *Et Elohîm fait les vivants de la terre selon leur espèce et le bétail selon son espèce et chaque rampant de la terre selon son espèce, et Elohîm les voit parce que cela est accompli.*

26   *Et Elohîm dit: "Faisons Adam dans notre image, comme notre ressemblance et qu'il domine sur les poissons de la mer, sur l'oiseau des cieux et sur le bétail et sur chacun de la terre et chaque rampant qui rampe sur le sec."*

27   *Et Elohîm crée le Adam dans son image, dans l'image d'Elohîm il le crée, mâle et femelle il les crée.*

28   *Et Elohîm les bénit et leur dit: "Croissez et multipliez et remplissez la terre et, pour la vaincre, dominez sur les poissons de la mer, sur l'oiseau des cieux et sur toute énergie rampante sur la terre."*

29   *Et Elohîm dit: "Voici, je vous donne toute herbe semant sa semence qui est au niveau de chaque terre et tout arbre qui porte en lui fruit d'arbre portant sa semence, ce sera votre nourriture.*

30   *Et pour toute vie de la terre et pour tout oiseau des cieux et pour tout rampant de la terre qui a en lui souffle de vie, toute âme vivante, je donne toute verdure d'herbe comme nourriture." Et il en est ainsi.*

31   *Et Elohîm voit tout ce qu'il a fait et voici, c'est un accomplissement total* ("tout est accompli"). *Il est un soir, il est un matin, jour le sixième.*

Commençons par commenter quelques points précis de ce texte. Tout d'abord nous avons retrouvé, faites par Dieu à la surface de la terre, ces *âmes vivantes* dont nous avons déjà parlé quand, au cinquième jour, nous avons vu apparaître aussi des âmes vivantes dans les eaux et dans l'étendue des cieux.

D'ailleurs tous les huit versets que nous venons de lire sont sous le signe de la vie et parfois le texte omet de répéter le mot être ou le mot âme pour n'utiliser que le mot vie: "Et pour toute vie sur la terre...", c'est-à-dire pour tout être vivant ou âme vivante. Même en ce qui concerne la nourriture de l'être humain ou de l'animal, le texte insiste qu'il s'agit d'une nourriture porteuse de semence, c'est-à-dire de vie, un cadeau de la vie à la vie. L'oublions-nous lorsque nous mangeons?

Un verbe nous a peut-être fait réagir, aux versets 26 et 28, le verbe dominer. Cette réaction est bonne mais vient de ce que notre mental perverti ne conçoit la victoire qu'au terme d'un rapport de force. Mais le verbe hébreu, que nous traduisons par "dominer", est porteur de la racine *Yarad* qui veut dire "descendre". Il ne s'agit pas de dominer de haut, mais de descendre, de se mettre au niveau de l'autre, de dominer par l'amour, à l'image de la royauté du Christ. Et ceux qui ont des animaux domestiques savent que, même s'il faut parfois élever la voix, c'est par une relation d'amour que nous guidons bien souvent notre chien ou notre chat.

On peut aussi, dans une lecture symbolique, voir dans cette image des animaux, toutes sortes d'obscures puissances qui s'entre-dévorent au fond de notre cœur et qu'il faut bien maîtriser si l'on veut que les oiseaux se multiplient sur la terre à la face du firmament. Mais même ces forces intérieures, qui font partie de notre être profond, il est beaucoup plus réaliste de chercher à les apprivoiser par l'amour que par la force, en s'aimant soi-même. Au fond, on aurait pu traduire: "Vivez à l'unisson des énergies de la terre, dans l'amour." Nous verrons par deux fois, en continuant la lecture des mythes de création, comment cette harmonie peut être détruite par manque d'amour.

Puis vient dans le texte la création de l'être humain, avec ce verbe "créer" répété trois fois: *Bara, bara, bara*, comme trois appels à être: d'abord au niveau psychique d'âme vivante, puis au niveau spirituel, enfin au niveau de la ressemblance avec Dieu. Nous pouvons reconnaître ces trois niveaux d'être dans les Béatitudes envisagées comme un itinéraire de croissance Nous avons souligné la parenté entre le verbe *Bara*, créer, et le mot *Bar* qui désigne le fils. C'est un peu comme si le mot création pouvait aussi se dire filiation, comme si toute cette histoire de création n'était racontée que pour que Dieu puisse dire à l'être humain par trois fois: "Sois fils ou fille, sois fils, sois fille." Ce triple appel à être semble aussi souligner une dimension trinitaire dans l'être humain, à l'image du Dieu trinitaire dont il doit réaliser en lui la ressemblance. D'ailleurs, alors que jusqu'à présent le texte disait: "Dieu fait", au singulier, même si le mot *Elohîm* est une forme plurielle; ici nous lisons: "Dieu dit: Faisons", comme si c'était le Dieu Trinité qui parlait.

En outre, *bara*, c'est le mot *bar*, fils, plus la lettre *Aleph*, qui est la première lettre du nom de Dieu *Elohîm* et qui, à ce titre, dans le génie de la langue des Hébreux, est symbole du nom tout entier. *Bara*, Dieu crée, c'est-à-dire, il donne la vie, il crée des fils et des filles.

Penchons-nous maintenant sur la question importante de cet accomplissement total dont parle le dernier verset que nous avons lu, ce "Tout est accompli" que seul le Christ peut prononcer sur la croix.

"Dieu vit que cela était bon." À la fin du sixième jour, beaucoup de traductions disent même: cela était très bon ou parlent de bien intense. On a souvent compris cette phrase dans l'optique d'un créateur parfait, qui donc ne peut faire qu'une création parfaite et aussi dans l'optique d'une création achevée, une fois pour toute. Ce genre de lecture donne tous les ingrédients pour bâtir une culpabilité sans limite, en rendant la race humaine responsable de ce qui n'est pas parfait ou pas encore parfait dans l'univers. On ne s'en est pas privé pour diaboliser l'être humain sous prétexte de préserver une image tout à fait fausse mais prétendument parfaite du Créateur. Avant d'aller plus loin et surtout avant de nous mettre à l'écoute du second mythe de création, l'histoire d'Adam et d'Ève dans le jardin d'Éden, il est important d'éclaircir cette question. Nous y consacrerons le temps qu'il faudra.

Tout d'abord regardons le texte lui-même: à toute créature animale ou humaine, Dieu dit: "Croissez." Comment pourrait-on croître au-delà d'une création parfaite? Je pense que Dieu fait bien ce qu'il fait. Serait-il bon que nous naissions adultes, robots parfaits? Personnellement, je revendique le droit à mon enfance, comme d'ailleurs à ma mort, qui n'est qu'une autre étape de ma création, de ma croissance.

Allons voir maintenant du côté de la Tradition de l'Église. Des Pères de l'Église, comme Irénée et Ambroise, considèrent en Adam l'humble début de l'humanité qui atteindra dans le Christ son accomplissement. Saint Irénée par exemple déclare: "Dieu avait le pouvoir de donner, dès le commencement, la perfection à l'homme, mais l'homme, car il était encore un petit enfant, était incapable de recevoir cette perfection, et, l'eût-il reçue, de la garder!" Cette perspective de la primitive Église demeurera jusqu'à Saint Augustin, qui, pour lutter contre le Pélagianisme, introduisit la notion de péché originel.

Continuons avec l'histoire de l'Église. Pour le Concile de Trente, l'état paradisiaque est virtuel et non réel: Adam, c'est-à-dire l'humanité, devait mériter d'y parvenir et n'y est jamais parvenu. Plus près de nous, je lis dans le Catéchisme de l'Église catholique publié en 1992, au paragraphe 302: "La création n'est pas sortie tout achevée des mains du Créateur. Elle est créée en état de cheminement vers une perfection ultime encore à atteindre, à laquelle Dieu l'a destinée." Cela est bien dans la ligne de pensée d'Irénée de Lyon dont je parlais précédemment. Il est dommage que sur la question du péché originel, le même catéchisme n'ait pas tiré les conclusions de cette affirmation sur la création et soit demeuré enfermé dans des schémas qui remontent à Augustin. Pourtant, dès 1966, Paul VI avait formé un symposium pour rechercher une présentation plus moderne du péché originel devant la science et la pensée contemporaine. Quelques mois plus tard, le symposium déclarait forfait à cause des limites qu'on lui imposait et cinquante ans plus tard, on n'est guère plus avancés.

On ne répétera sans doute jamais assez que dans la Bible, la première parole que Dieu adresse à ses créatures vivantes, c'est: "Croissez." Ces interprétations d'une création parfaite reflète l'archétype mythique de "l'Âge d'Or". L'être humain, dans son inconscient rêve d'un état de perfection, mais projette son rêve dans le passé, au lieu de le projeter dans l'avenir. Le mythe du Crépuscule des Dieux va dans le même sens.

Il y a d'ailleurs beaucoup de mythes de création où la création n'est pas d'emblée parfaite, où le créateur doit s'y reprendre à plusieurs fois pour aboutir à un résultat satisfaisant. La Bible ne fait pas exception si on la regarde de façon objective et sans le préjugé d'une création parfaite. Par exemple, on a l'impression que tout recommence avec Seth, le troisième enfant d'Adam et d'Ève, ou avec Noé et le déluge.

D'autre part, qu'est-ce qu'une création parfaite? Au début du livre de Job, Dieu nous présente celui-ci comme un être quasi-parfait, intègre, droit et craignant Dieu: un super-juste. Mais la suite de l'histoire nous révèle qu'il a encore beaucoup à apprendre et à se transformer au-delà de son vernis moral impeccable.

Dieu lui-même n'est pas le Dieu immuable que souvent nous imaginons. Dans le récit du buisson ardent, quand Dieu dit: "Éhié Asher Éhié", que l'on traduit parfois par: "Je Suis qui Je Suis", il parle à un temps de la langue hébraïque qui s'appelle l'inaccompli et qui est mieux traduit par: "Je Serai qui Je Serai". Yahweh est le Dieu vivant, qui se crée lui-même dans l'amour. Est-il concevable de dire que Dieu vit une relation d'amour avec sa création si l'une des parties ne peut pas évoluer du fait de la relation? En quelque sorte, le Créateur devient par sa Création et cela ne nuit en rien à sa perfection.

Par la bouche du prophète Jérémie, Dieu dit: "Vous êtes dans ma main, gens d'Israël, comme l'argile dans la main du potier." Tant que l'argile n'est pas passée au feu, elle peut toujours être retravaillée. Cette poterie retravaillée est l'expression d'une évolution du potier. La cuisson de l'œuvre, c'est ce baptême par le feu réalisé en Jésus-Christ. C'est lui, nous dit l'épître aux Colossiens, qui est l'image du Dieu invisible. Le Vendredi Saint est le sixième jour de la semaine, comme le sixième jour de la création. La création n'est achevée que le huitième jour, au premier jour de la semaine suivante qui est le jour de la Résurrection. Mais la Résurrection elle-même, qui est création nouvelle, se continue dans notre monde qui doit lui aussi ressusciter, c'est-à-dire se mettre debout. Et quand on fait de la céramique, ce n'est qu'après la troisième cuisson que la couleur des lustres est révélée à l'artisan.

Le livre de l'Apocalypse parle d'une terre nouvelle et d'un ciel nouveau. Pourquoi une création nouvelle si la première était parfaite? Pourquoi créer un soleil s'il doit devenir inutile dans la Jérusalem céleste où c'est la lumière de Dieu qui éclaire la ville? Le Midrash, recueil de commentaires juifs de la Bible raconte cette histoire: un disciple demande à rabbi Ménahem Mendel pourquoi Dieu, qui est parfait, a créé un monde imparfait. Réponse du rabbin: "Tu ferais mieux? - Euh, oui. - Eh bien, mets-toi au travail!"

Septième jour

Il nous reste à compléter le récit de ce premier mythe de création de la Genèse, avec les trois premiers versets du chapitre 2.

1 Et sont achevés les cieux et la terre et toute leur puissance.
2 Et Elohîm achève dans le jour le septième l'œuvre qu'il a faite et il se retire en le jour le septième de toute l'œuvre qu'il a faite.
3 Et Elohîm bénit le jour le septième. Il le sanctifie car en lui il se retire de toute son œuvre que crée Elohîm pour faire.

La première question que pose ce texte est la suivante: si la création n'est pas complète, si, comme nous l'avons vu, elle contient encore beaucoup d'inaccompli, sommes-nous déjà au septième jour et Dieu se repose-t-il déjà? Quand Dieu s'incarne en Jésus-Christ, je n'ai pas l'impression qu'il se repose. Quand son Esprit est à l'œuvre dans tout l'univers, je n'ai pas non plus l'impression qu'il se repose. Mais comme il s'agit d'un mythe et non pas d'un récit historique, je pense que l'on est en droit de répondre par oui et par non à cette question sur le repos de Dieu; cela n'est pas nécessairement contradictoire.

Dans le Zohar, qui est le Livre de la Splendeur des Juifs, écrit en Espagne aux environs du douzième siècle, il est dit: "Au sixième jour, ayant créé l'être humain, Dieu lui dit: "J'ai travaillé jusqu'ici, maintenant c'est toi qui continuera." Mais il y a plus que cela: en même temps que Dieu, en quelque sorte met l'être humain au travail pour continuer la création, il crée le repos et même l'adoration: "Dieu bénit le jour le septième, il le sanctifie car en lui il se retire." Ce texte insiste sur l'importance du septième jour: il parle du jour le septième, avec l'article "le", comme il y avait déjà eu le jour le sixième. Ces deux jours rejoignent le jour Un qui définissait l'orientation de l'œuvre de Dieu. C'est en vue de ces deux jours que tout a eu lieu.

Dieu s'efface puissamment pour que le monde soit. Non seulement il cesse de faire, mais il se retire de ce qu'il a créé et nous avons vu le lien entre le verbe créer et la vie; il se retire de ce qu'il a créé pour que les êtres vivants fassent à leur tour. Il se retire comme créateur, non seulement de ce qui est déjà accompli, mais aussi de tout l'inaccompli. De la même façon Jésus dira à ses disciples: il est bon pour vous que je m'en aille pour que vous puissiez accueillir l'Esprit et, sous sa mouvance, continuer mon œuvre. Dieu se retire pour que l'être humain puisse devenir lui-même, à l'image de son créateur. Bien que le second mythe ait été introduit dans la tradition juive plus de trois cents ans avant ce premier mythe, il se situe au niveau de ce septième jour, ou à celui de la seconde moitié du sixième jour, celui où l'homme doit continuer en lui l'œuvre de la création, croître pour atteindre la ressemblance à laquelle il est appelé. C'est ce second mythe dont nous commencerons l'écoute au prochain chapitre.

DEUXIÈME CHAPITRE

Deuxième mythe de Création de la Genèse

Nous abordons maintenant le deuxième récit de création qui commence par ce verset d'introduction, comme une sorte de titre (nous sommes au verset 4 du second chapitre de la Genèse): *"Ceux-ci sont les engendrements des cieux et de la terre dans leur être créé, au jour où Yahweh-Elohîm fait terre et cieux."* Certaines traductions de la Bible coupent le verset en deux, la première partie servant de conclusion au premier récit, la seconde moitié introduisant le deuxième récit. Pour moi, je préfère lire ce verset orienté vers le second récit, dont il annonce tout de suite une des caractéristiques importantes: le nom du créateur a changé. Il ne s'agit plus d'Elohîm mais de Yahweh-Elohîm. Nous savons qu'il y a deux traditions spirituelles principales dans le livre de la Genèse, la tradition yahwiste, plus ancienne, datant environ du neuvième siècle avant notre ère, et la tradition élohiste, contemporaine de l'exil à Babylone, au sixième siècle. L'une appelle Dieu, Yahweh, l'autre l'appelle Elohîm. Certaines bibles traduisent uniformément Elohîm ou Yahweh par Dieu. D'autres, sans recourir aux noms juifs de Dieu, font une différence qu'il est important de connaître. C'est ainsi que la TOB traduit Elohîm par "Dieu" et Yahweh par "le Seigneur". La Bible de Jérusalem, comme d'ailleurs la Bible des Communautés Chrétiennes, traduisent aussi Elohîm par "Dieu" et conservent le nom de Yahweh, mais l'écrivent malheureusement en supprimant le h final, YAHWÉ au lieu de YAHWEH.

La Bible est une mosaïque de textes d'origines différentes, même à l'intérieur d'un même livre, comme le livre de la Genèse. Mais on a l'impression que l'Esprit du Seigneur a été à l'œuvre dans la façon dont ces textes ont été assemblés, imbriqués les uns dans les autres pour se compléter, s'éclairer les uns les autres. Dans le premier récit, Elohîm avait dit à l'être humain: "Croissez". Dans le second récit, de trois à quatre siècles plus ancien, c'est Yahweh-Elohîm qui donne à l'être humain l'aide qu'il lui faut pour croître, en lui révélant son Féminin. Yahweh confirme Elohîm ou vice-versa. Elohîm nous est apparu comme le Dieu qui <u>fait</u>, qui crée, qui engendre, et pour les Juifs, un engendrement est au niveau du faire, de l'action. Yahweh est le Dieu révélé à Moïse sur le mont Horeb, le Dieu qui, à la demande de Moïse, se définit en disant: "Je Serai qui Je Serai" Le mot Yahweh lui-même exprime ce "Je Suis" éternel de Dieu. Nous avons vu que le septième jour, celui sur lequel se termine le premier récit, était celui du repos, qui est une invitation à être. C'est peut-être parce qu'il s'est reposé le septième jour que le Dieu qui entre en scène maintenant est Yahweh-Elohîm, le Dieu qui est.

Comme le pôle masculin de l'être humain est plus tourné vers l'agir, et le pôle féminin vers l'être, c'est un peu comme s'il y avait deux histoires de création, une histoire masculine et une histoire féminine. Et rappelons que c'est l'histoire féminine qui est la plus ancienne, même si elle apparaît en seconde position dans la Bible.

En fait, dans beaucoup de récits de création d'autres cultures, on trouve deux créateurs qui ont des caractéristiques différentes. Par exemple, l'un est plus masculin et l'autre plus féminin, ou l'un lumineux et l'autre sombre, ou encore l'un habile et l'autre maladroit, quand ce n'est pas l'un bon et l'autre plutôt mauvais. Parfois l'un est père et l'autre fils, ou l'un homme et l'autre femme, l'un actif et l'autre passif. Cela ne doit pas nécessairement être pris pour du polythéisme, mais reflète la difficulté de faire entrer la diversité de Dieu dans un seul concept humain. Souvent le Dieu passif est considéré comme supérieur au Dieu actif, comme en opposition à la tendance humaine qui survalorise le conscient et l'action. Parfois même, le créateur actif apparaît comme carrément mauvais, détruisant ou abîmant ce qui sort du rêve du dieu passif. Même aussi loin qu'en Chine, nous pouvons retrouver ces deux dieux créateurs, l'un actif et l'autre passif.

Dans les récits de la Genèse, Elohîm peut apparaître comme un peu simpliste: un créateur actif pour qui tout est bien. Là-dessus Yahweh vient compliquer les choses. Nous le verrons par exemple quand nous parlerons de Qaïn. En particulier, rien ne dit dans le second récit que ce qui est créé est très bien ou accompli. Cette vision est plus proche de la pensée musulmane. Les sourates 17 et 22 du Coran nous présentent l'homme comme créé de façon hâtive; cela rend nécessaire que le souffle d'Allah pénètre l'être humain tout entier pour qu'il se mette debout. Et cette invitation à croître doit respecter la capacité de croissance de l'homme. On apprend à marcher sur terre avant de devenir funambule.

Ajoutons un dernier commentaire avant de nous plonger dans la lecture détaillée du texte. Pour certains biblistes, comme ce texte a pu être écrit lors du règne du roi Salomon, il est possible que l'auteur ait voulu y glisser une critique déguisée de ce dernier. Le règne de Salomon, c'est un peu un âge d'or où le peuple hébreu semble jouir de toutes les bénédictions de Dieu. Pourtant il n'en demeure pas moins que l'homme doit travailler dur pour cultiver la terre, que les femmes continuent à souffrir pour engendrer et que tous les êtres humains continuent à mourir. Donc, il faut trouver un responsable pour ces imperfections dans l'ordre de la création. Pourquoi ne serait-ce pas le roi lui-même qui, sur la fin de sa vie, se laisse influencer par certaines de ses nombreuses femmes (il en a eu trois cents plus six cents concubines)? Certaines l'auraient entraîné à vénérer d'autres dieux, en particulier certains dieux égyptiens, dont le serpent est la représentation. Cette hypothèse est plausible, mais, comme nous l'avons dit, un mythe n'a pas qu'une seule signification et, indépendamment des intentions de l'auteur, il nous faut nous pencher sur ce que l'auteur a écrit effectivement, sous l'inspiration de l'Esprit.

Reprenons donc le récit dont nous avons déjà lu l'introduction.

5 *Aucun arbuste des champs n'est encore sur la terre-sèche et aucune herbe des champs ne germe encore car Yahweh-Elohîm n'a pas fait pleuvoir sur la terre-sèche et il n'y a pas de Adam pour cultiver la terre-mère.*
6 *Et une vapeur s'élève de la terre-sèche et arrose chaque niveau de la terre-mère.*
7 *Et Yahweh-Elohîm forme le Adam poussière tiré de la terre-mère et il souffle dans ses narines un souffle de vie et il devient âme vivante.*

Apportons ici quelques commentaires. Il y a dans le texte hébreu deux mots que l'on peut traduire par terre. Le premier c'est *erets*, le sec, qui, dans le premier récit de création, vient séparer des eaux d'en bas. C'est le mot employé là où j'ai traduit par "terre-sèche". Le second mot hébreu pour la terre est *Adamah*, qu'on pourrait traduire par "terre-mère", ce que j'ai fait. C'est de ce même mot *Adamah* qu'est tiré le mot "Adam", qui n'est pas le nom propre d'une personne et qu'on pourrait traduire par le Terrien (comme on parle de Martiens), celui qui vient de la terre, qui est fils de la terre. Une autre traduction possible serait le mot "humain" qui, lui aussi, vient du latin *humus*, qui aujourd'hui encore désigne la bonne terre. Le texte dit bien le terrien, avec l'article "le", comme il dirait "l'être humain".

Ce second mythe de création part d'une terre existante mais encore stérile. Mais ce qui est remarquable, c'est que la première trace d'eau ne vient pas du ciel sous forme de pluie, mais est une vapeur qui monte de la terre-sèche, comme une poussée qui viendrait d'un feu intérieur et qui désirerait rejoindre tous les niveaux de la terre-mère. Car la racine du verbe traduit par "arroser" signifie aussi "désirer". De la même façon, le mot "Adam" peut aussi signifier "vapeur qui tend à rejoindre les eaux d'en haut, celles qui sont au-dessus de l'étendue des cieux." C'est comme si le texte cherchait à exprimer un désir de la terre-sèche de devenir terre-mère, *Adamah*, en s'unissant à son créateur. C'est ce qui se passe au verset suivant où le souffle de Dieu donne la vie à la forme humaine façonnée par Dieu à partir de la poussière tirée de la terre-mère. Le mot "Adam" contient aussi le mot *Dam*, DAM qui veut dire le sang et le sang signifie la vie, la vie d'Elohîm.

Dans le premier récit de création, nous avons souligné que le verbe "créer" est associé à l'apparition de la vie. Ici encore, c'est Dieu qui fait apparaître la vie sur une terre sans eau, sans vie. Mais alors que dans le premier récit, en quelque sorte, on partait de la vie, eau et lumière d'où venait la terre au troisième jour, dans le second mythe, on part de la terre, de la matière à qui on donne vie. D'ailleurs, en comparant les deux textes on trouve sept fois le mot *eau* dans le récit des trois premiers jours du premier récit, tandis que dans le second récit, c'est le mot *terre* qui apparaît huit fois dans les quatre petits versets que nous avons lu jusqu'à maintenant.

Continuons notre lecture. Nous en sommes au verset 8 de ce deuxième chapitre de la Genèse.

8   *Et Yahweh-Elohîm plante un jardin en Éden, venant de l'Orient. Il place là le Adam, c'est-à-dire l'humain qu'il a formé.*
9   *Et Yahweh-Elohîm fait germer à partir de la terre-mère tout arbre précieux pour la vie et bon à manger, et l'arbre de vie au milieu du jardin et l'arbre de la connaissance de ce qui est accompli et de ce qui n'est pas encore accompli.*
10 *Et un fleuve jaillit d'Éden pour arroser le jardin et de là il se partage et devient quatre sources (ou principes).*
11 *Le nom du fleuve UN est Pishon. Il entoure toute la terre de Havilah.*
12 *Là se trouve l'or et l'or de cette terre est lumière accomplie. Là se trouve le bdellium et la pierre d'onyx.*
13 *Le nom du fleuve le deuxième est Guihon, qui, lui, entoure la terre de Koush.*
14 *Et le nom du fleuve le troisième est Hidequel; lui est celui qui marche vers l'orient d'Ashour, et le fleuve quatrième est Phérat.*
15 *Yahweh-Elohîm saisit le Adam et le conduit dans le jardin de délices, pour la travailler et pour la garder.*

Arrêtons ici la lecture pour quelques commentaires sur le texte. On aurait pu lire: Dieu plante un jardin de délices car le mot hébreu *Éden* signifie "délices", "délices" que l'on peut lire en terme d'accomplissement total. Un jardin qui permettrait un accomplissement total en particulier parce qu'il est tourné vers le Soleil levant, vers l'Orient d'où vient la lumière. Cette lecture d'un jardin permettant l'accomplissement total rejoint la position du Concile de Trente qui, nous l'avons déjà dit, déclarait que l'état paradisiaque était virtuel et non pas réel; Adam devait mériter d'y parvenir. Dieu place l'Adam dans ce jardin pour qu'il croisse. Même l'adverbe "là", dans la phrase: "Dieu place là", évoque pour les Hébreux le nom de Dieu, la ressemblance à laquelle l'homme est appelé.

Nous aurons l'occasion de revenir très longuement sur la signification de cet arbre de vie au milieu du jardin et de cet arbre de la connaissance dont nous parlons par habitude comme connaissance du bien et du mal; or c'est plutôt la connaissance de ce qui est accompli, *Tob* en hébreu, et de ce qui n'est pas encore accompli, *Ra* en hébreu.

Remarquons simplement à ce stade leur présence dans le jardin d'Éden conçu pour la croissance, l'accomplissement de l'être humain.

Ensuite, il y a ces quatre fleuves qui entourent le jardin et qui, fait remarquable, ont la même source. En général dans la nature c'est l'inverse, les rivières ont des sources différentes et convergent après. Certains ont vu dans ces fleuves l'image de toute la terre connue à cette époque; le pays de Koush était dans la corne de l'Afrique vers l'Éthiopie, le Pherat était assimilé à l'Euphrate en Mésopotamie, le Hidequel allant plus à l'est, etc. Pour d'autres, c'est la signification symbolique du nom de ces fleuves qui est importante et ces significations sont nombreuses. Pour d'autres encore, les quatre fleuves sont quatre itinéraires pour l'homme, à savoir: premièrement croître, deuxièmement se brancher sur la force de Dieu, en se tournant vers l'Orient, vers la lumière, troisièmement rencontrer Dieu, et quatrièmement, fleuve UN, devenir à l'image de Dieu. Comme il s'agit d'un mythe, nous pouvons accueillir toutes les significations qui nous aident à grandir. Le premier fleuve, le fleuve UN, le Pishon, entoure une terre où l'on trouve l'or et le bdellium. Le bdellium est une résine dont on tire la myrrhe et l'encens. Avec l'or, la myrrhe et l'encens, la terre de Havilah évoque le pays des Mages, faisant le lien entre le jardin d'Éden et la crèche de Bethléem. La venue du Christ sur la terre crée les conditions pour que l'homme puisse s'accomplir complètement et l'épisode des mages en est le témoignage.

Or ces conditions sont liées à la Joie. On parle parfois d'innocence originelle, de grâce originelle. peut-être faudrait-il davantage parler de Joie originelle, ou au moins de cet appel à la Joie qui est dans les récits de création. Dans le principe, dans nos origines, nous sommes appelés à la Joie et cette Joie, il nous est demandé de la cultiver et de la garder. "Dieu plaça le Adam dans le jardin de Joie pour <u>la</u> cultiver et pour <u>la</u> garder." En hébreu, comme dans cette traduction française, le pronom "la" ne s'accorde pas avec le mot jardin. Certains comprennent qu'il s'agit de garder la terre-mère; on peut aussi bien comprendre qu'il s'agit de garder la Joie. L'un et l'autre sont aussi importants et fondamentaux. Cette tâche assignée à l'homme n'est pas conséquence de l'exclusion du jardin d'Éden dont nous parlerons plus tard. Elle fait partie de l'être de l'homme: cultiver la Joie et la garder pour réaliser l'image de Dieu en nous. Cette Joie me semble être tout à fait centrale dans le jardin d'Éden, et c'est pourquoi le verset suivant va nous ramener au centre du jardin.

L'Arbre de la Connaissance
16   Et Yahweh-Elohîm commande à l'Adam en disant: "De tout arbre du jardin tu mangeras, tu mangeras,
17   Mais de l'arbre de la connaissance de l'accompli et de ce qui n'est pas encore accompli, tu ne mangeras pas car du jour où tu en mangeras, tu mourras."

Arrêtons ici notre lecture. Avec l'arbre de la connaissance et l'interdit qui s'y rapporte nous avons matière à longue réflexion. Remarquons tout d'abord que l'interdit se rattache à la connaissance. Cette précision est important car on a, tout au long des âges, donné toutes sortes d'interprétations à cet interdit et surtout à sa transgression, beaucoup étant à coloration sexuelle, bien sûr; y a-t-il d'autres interdits? Remarquons qu'il n'y a rien dans le texte à cet effet. Il s'agit de connaissance de l'accompli et de ce qui n'est pas encore accompli, ou de connaissance du bien et du mal pour prendre une formulation plus habituelle mais un peu dangereuse par sa connotation morale.

Pourquoi Dieu voudrait-il écarter sa créature de la connaissance du bien? Telle est la première question qu'il ne faut pas ignorer. Écartons tout de suite les réponses faciles, qui seront celles du tentateur, du genre: Dieu voulait se réserver l'exclusivité de la connaissance. Dieu n'a-t-il pas créé l'être humain pour qu'il accède à la ressemblance, et donc, en quelque sorte, pour pouvoir partager avec lui la connaissance? Cette nécessité de la connaissance, nous la trouvons partout dans la Bible, en particulier dans le Nouveau Testament. C'est parfois en déplorant l'ignorance. "Père, pardonne-leur, car il savent ce qu'ils font", dit le Christ sur la croix. "J'ai agi par ignorance, n'ayant pas la foi", confesse Saint Paul. Ailleurs, dans les Actes des Apôtres: "S'ils l'avaient connu, ils n'auraient pas crucifié le Seigneur de la Gloire", et encore: "Vous avez agi par ignorance."

Mais le Nouveau Testament va plus loin. Le but de la création semble être en fait d'accéder à la connaissance. Quand, à la veille de sa mort, Jésus demande à son Père de donner la vie éternelle à ceux que le Père lui a confiés, il précise: "La vie éternelle, c'est qu'ils te connaissent, toi le seul vrai Dieu et celui que tu as envoyé, Jésus-Christ."

Y aurait-il une bonne connaissance et une mauvaise connaissance? Notre deuxième question sera donc: qu'est-ce que la connaissance? et, en particulier, cette connaissance dont parle le second mythe de création. Certains n'hésitent pas à parler, au lieu de l'arbre de la connaissance du bien et du mal, de l'arbre de la bonne et de la mauvaise connaissance. Pour eux, la mauvaise connaissance serait la connaissance qui ne serait que rationnelle, intellectuelle, par opposition à la connaissance qui nous vient aussi du cœur, de l'intuition, du subconscient. Il y a toujours le risque de croire que l'on connaît, que l'on a la connaissance, alors que l'on n'a que la connaissance rationnelle, celle qui vient d'une vision scientifique, de l'extérieur, et non celle qui vient d'une vision de l'intérieur. Il y a la connaissance qui est source de pouvoir et celle qui est utilisée pour le service de nos frères.

Le bien qui est connu, c'est ce qui est accompli, c'est aussi la lumière. L'inaccompli est ce qui est encore ténèbre, mais qui contient une énergie qui peut devenir bien, lumière. Quand, dans les mythes archaïques de certains peuples, on évoque un état béatifique, celui-ci serait-il préalable à une certaine forme de connaissance, comme l'émerveillement d'un enfant? Nous apporterons, je l'espère, davantage de lumière sur cette notion de connaissance en étudiant maintenant les raisons qui peuvent motiver l'interdit divin. Rappelons cette phrase de la sagesse bouddhiste que nous avons déjà citée dans notre introduction: "La connaissance sans amour est un poison mortel."

La connaissance sans amour est un poison mortel. Manger du fruit de l'arbre de la connaissance, c'est accéder à une connaissance qui n'est pas une transformation intérieure; c'est comme découvrir la fission ou la fusion de l'atome avant d'avoir compris qu'elles ne doivent pas être utilisées pour faire des bombes. Les puissants ne cherchent-ils pas encore, dans notre monde, à s'approprier par tous les moyens les connaissances correspondant aux technologies de la mort? Pour l'humanité, comme pour les enfants, il est un rythme à respecter pour accéder à la connaissance. Le Christ ne dira-t-il pas à ses disciples, la veille de sa mort: "J'ai encore beaucoup de choses à vous dire, mais vous n'avez pas encore la force de les porter." À plus forte raison les premiers humains! D'ailleurs, le bien, l'accompli, n'est pas en relation à un monde figé une fois pour toutes, mais à un devenir toujours plus exigeant. Nos comités d'éthique n'ont-ils pas à faire face à des interrogations que l'on n'aurait même pas pu imaginer il y a cinquante ans, voire parfois dix ans?

La connaissance que l'on accapare, que l'on mange, est souvent une connaissance lointaine qui nous coupe de la connaissance proche, celle qui est en lien avec notre vécu et pourrait nous transformer. Elle nous coupe de l'expérience de nos manques, alors qu'il faut avoir fait l'expérience de nos vides, de notre vacuité, pour pouvoir accéder à la connaissance vraie. Et l'apôtre Paul n'hésite pas à affirmer que cette expérience de la vacuité, du vide qui se cache derrière une certaine connaissance intellectuelle, est nécessaire pour pouvoir découvrir la sagesse de Dieu. L'Internet multiplie à l'infini les connaissances auxquelles nous avons accès, mais où cela nous mène-t-il? Peut-être à la mort de notre monde! La Bible est sur Internet, mais pour la comprendre, il faut faire l'expérience de l'amour de Dieu.

Dans son interdit, Dieu doit sentir que l'homme va utiliser la connaissance pour la recherche du pouvoir et que cela va lui tourner la tête, lui faire perdre de vue la recherche du Royaume. Les vrais pouvoirs sont donnés en plus, par surcroît, à celui qui est prêt à les recevoir, parce qu'il est déjà en chemin vers la lumière, vers l'accompli. Ce que l'on peut constater de nos jours, c'est que la recherche effrénée de la connaissance, comme un fruit appétissant qu'on voudrait dévorer, entraîne l'esclavage du labeur au lieu d'en libérer. L'appropriation utilitaire de la connaissance, la conscience non assumée de ce qui n'est pas encore accompli, exclut la Joie dont le jardin d'Éden était, nous l'avons vu, le symbole. Si l'être humain a la connaissance de l'inaccompli avant le temps, il va juger et pour commencer se juger lui-même, au risque de désespérer. Comme Adam, il va chercher à se cacher du regard de Dieu qui pourtant l'aime tel qu'il est.

Connaître le mal est mortel en ce que cela m'entraîne à juger, et croire que l'on connaît le bien est tout aussi mortel et source de tous les fondamentalismes au nom desquels on continue à tuer. Pourtant, depuis des milliers d'années, la plupart des religions cherchent à enseigner la connaissance du bien et du mal, sous la forme d'une morale codifiée, au lieu d'accompagner les gens dans leur cheminement, de cheminer avec eux dans la connaissance progressive du bien et du mal, de ce qu'il y a encore d'inaccompli dans notre relation à Dieu et à nos frères.

Dieu demande à Adam de travailler et garder l'arbre de la connaissance, mais de se garder de le manger. L'arbre de la connaissance est dans le jardin comme un modèle; l'être humain est appelé à devenir arbre de connaissance et à porter du fruit. La connaissance est du domaine de l'être, pas d'un avoir dont on accapare le fruit. Devenir connaissance et non pas en manger le fruit et s'imaginer que l'on est accompli. C'est ce que Jésus reprochera aux scribes: "Malheureux êtes-vous, scribes et docteurs de la Loi, vous qui avez pris la clé de la connaissance. Vous n'êtes pas entrés vous-mêmes et ceux qui voulaient entrer, vous les en avez empêchés." (Lc.11)

"De l'arbre de la connaissance vous ne toucherez pas pour saisir", dit la Bible, comme Jésus dira à Marie-Madeleine, au matin de Pâques: "Ne me touche pas, ne me retiens pas." C'est Maurice Zundel qui dit: "Le Bien est quelqu'un, le Bien (ou l'accompli) est une Personne, le Bien est une Vie, le Bien est Amour. Toute la sainteté est là. Il s'agit de laisser vivre en nous cet Autre." Sinon, on va remplacer l'action de l'Esprit par du prêt-à-penser et on ramènera le mystère de Dieu au niveau de nos connaissances humaines. Écoutons l'apôtre Paul au début de la première lettre aux Corinthiens: "C'est par la disposition de la Sagesse de Dieu que le monde n'est pas parvenu, par sa propre sagesse, à connaître Dieu." Beaucoup de traductions de la Bible, qui cherchent encore à "justifier" Dieu par la perfection immédiate de la création originelle, et ceci dans une conception figée du monde, ont déformé ce verset; pourtant, c'est la traduction qui s'impose. Comme le dit l'apôtre Jean dans sa première épître, c'est quand nous serons semblables à Dieu que nous le verrons tel qu'il est. C'est en se transformant soi-même que l'on accède à la connaissance. À noter que le livre d'Enoch, rédigé probablement au cours de l'avant-dernier siècle avant notre ère, parle au chapitre 32 de "l'Arbre de la Sagesse" du jardin d'Éden.

L'interdiction de manger de l'arbre de la connaissance est donnée à Adam juste avant l'apparition de son aide, cette aide dont il a besoin à cause de son mental trop fort qui privilégie la connaissance rationnelle au détriment de la connaissance intuitive. Alors que, comme le dit encore Paul (1Cor.1), la Sagesse de Dieu est folie aux yeux des êtres humains et ne peut donc être connue que par notre pôle féminin. Est-ce l'interdiction qui a fait apparaître la nécessité de cette aide, de cette *ishah* qui est le pôle féminin de l'être? L'arbre de la connaissance devait-il être abordé conjointement par le Adam et son aide, alors que le serpent les divisera? Est-ce encore vrai de nos jours? C'est ce que la suite du récit dira peut-être à certains et certaines d'entre nous.

Ishah

Après cette longue réflexion sur l'arbre de la connaissance, nous reprenons la lecture du texte. Nous en sommes au verset 18 du second chapitre de la Genèse.

18   Yahweh-Elohîm dit: "L'Adam, lui seul, n'est pas un être accompli. Je lui ferai une aide contre lui."
19   Yahweh-Elohîm forme, à partir de la terre-mère, chaque vivant du champ et chaque oiseau des cieux et il les fait venir vers le Adam pour qu'il les voit et pour qu'il les nomme <u>pour</u> lui; et tout ce que l'Adam nomme constitue son nom.
20   Le Adam crie des noms sur chaque animal dans sa force, sur l'oiseau des   cieux et sur chaque vivant des champs; et sur le Adam lui-même il ne trouve pas la semence qui lui permettra le total face-à-face avec lui-même.
21   Yahweh-Elohîm fait tomber un sommeil sur le Adam qui s'endort. Il prend un de ses côtés et il enferme la chair dans sa profondeur.
22   Yahweh-Elohîm construit le côté qu'il a pris de l'Adam pour le faire ishah (c'est à dire épouse) *et il le fait venir vers le Adam.*
23   Et le Adam dit: "Celle-ci est mon chemin, c'est l'os de mes os et la chair de ma chair." Celle-ci, il l'appelle Ishah (épouse) car de Ish (époux) elle a été prise.
24   C'est pourquoi l'Époux quittera son père et sa mère et il s'unira à son épouse et ils deviendront chair Une.
25   Et ils sont deux, eux, nus, le Adam et son épouse et ils ne sont pas confondus.

C'est ici la fin du second chapitre de la Genèse. Comme à notre habitude, commençons par quelques remarques de détail concernant ce texte.

Nous reviendrons plus en détail sur cette aide, *Ézer* en hébreu, dont l'être humain a besoin. Pour le moment remarquons qu'il s'agit d'une aide <u>contre</u> lui. Dans la tradition hébraïque, le féminin est de l'ordre du contre l'homme, de ce qui va amener l'être humain à être différent.

Puis nous voyons le Adam appelé à nommer les animaux pour lui-même. Or, les nommer, ce n'est pas prendre domination sur , comme on l'a écrit, c'est en découvrir la signification pour soi-même. Si on fait du texte une lecture symbolique, on peut voir dans les animaux que nomme le Adam les énergies intérieures à l'être humain qu'il a à connaître dans leur force comme dit le texte et à utiliser pour croître. Nommer, c'est ramener à la conscience ce qui est inconscient. Mais le Adam n'arrive pas à se nommer lui-même. C'est précisément pour se connaître et se nommer lui-même qu'il a besoin d'une aide, d'un face-à-face avec lui-même.

Notons que ce sommeil où Dieu plonge le Adam est traduit en grec par le mot *extasis*, c'est-à-dire extase. Nous aurons à revenir plus longuement sur cette *Ishah* qui sort de l'extase du Adam. Remarquons simplement maintenant que le texte nous dit qu'elle est chemin, ou "pas en avant", qu'elle va permettre à l'Adam de progresser. Et rappelons que le Adam, c'est l'être humain, homme ou femme, qui a besoin de se connaître, de savoir qui il est.

L'être humain qui a trouvé son *ishah*, son aide, n'a plus besoin de l'aide de ses parents. Il peut donc se détacher de cette aide parentale pour devenir, non pas une seule chair, mais chair UN, ce Un renvoyant à Dieu. C'est donc grâce à cette aide que l'être humain pourra réaliser la ressemblance de Dieu.

Ils sont chair UNE, mais, nous dit le texte, ils ne sont pas confondus, ou ils ne sont plus confondus puisque, originellement, l'aide faisait partie du Adam, mais en étant confondue avec lui au lieu d'être son face-à-face. L'idée d'absence de honte de la nudité, que l'on trouve dans de nombreuses traductions, semble étrangère à ce qui se passe ici. L'être humain et son aide se voient dans leur vérité et ne sont pas gênés d'être différents; au contraire, ils se reconnaissent complémentaires. Puissent-ils demeurer chair UNE!

Nous prenons le temps de continuer à réfléchir sur cette aide que Dieu juge nécessaire à l'être humain. Car il ne s'agit pas d'un détail de peu d'importance. Le mot hébreu *Ézer* qui désigne cette aide n'est employé que vingt-et-une fois dans la Bible, dont deux fois dans ce récit de création, seize fois pour désigner Dieu lui-même, et trois fois pour désigner une aide simplement humaine mais essentielle. C'est donc une aide très importante, pour ne pas dire divine. Cette aide, le récit la désigne par la suite par *Ishah*, que nous avons traduit par "épouse" mais que l'on aurait pu également désigner par "le pôle féminin de l'être", par opposition au "pôle masculin".

Pour une raison qui n'est pas explicitée, Dieu ne peut pas fabriquer Ishah de la même façon dont il a fabriqué le Adam et les animaux. Est-ce pour qu'elle soit vraiment exactement l'autre moitié du Adam, et non pas un autre être, comme un conjoint ou une conjointe, aussi proches puissent-ils être? Le Adam est alors appelé *Ish*, ce qui correspond bien à l'idée que c'est seulement dans le face-à-face avec son Ishah que Ish peut découvrir qui il est. Ou bien, y a-t-il effectivement en Ishah quelque chose d'une autre nature, qui fait que Dieu doit partir d'une matière première plus élaborée que la simple poussière de la terre? Ishah n'est-elle pas celle-là dont la mission première est de rappeler à Ish, incessamment, qu'il est créé pour être à la ressemblance de Dieu? Est-ce une simple coïncidence si, en sanskrit, le nom d'une des divinités hindoues est précisément *Isha* ou *Ishvara*, le Dieu qui gouverne le monde? Le sanskrit et l'hébreu semblent être les deux langues qui pourraient être d'origine inspirée.

Je continue à employer le mot Ishah, plutôt qu'épouse, pour que nous ne perdions pas de vue qu'Ishah est d'abord et avant tout le pôle féminin de l'être humain. Cette distinction est importante dans un monde et une culture dominés par le pôle masculin, actif et rationnel, un monde où le pôle féminin est de plus en plus réduit, même chez les femmes, à un destin fantôme.

Dans d'autre mythes de création, on rencontre un personnage, le coyote, qui, par certains côtés, joue un rôle comparable à celui d'Ishah, cette aide contre l'être humain. Le coyote est une figure d'ombre dont la fonction est d'empêcher la consolidation de la conscience, cette tendance naturelle à geler la vision que l'on a du monde, en excluant sans cesse l'irrationnel, le primitif, le non désiré. De la même façon, c'est en face de son Ishah que le Adam peut être nommé, c'est-à-dire qu'il commence vraiment à être et à évoluer. L'apôtre Paul parle du temps où il connaîtra comme il est connu. C'est peut-être pour que l'être humain parvienne à cette connaissance mutuelle que son Ishah lui est donnée par Dieu. Car la façon dont le texte fait apparaître la nécessité de cette aide prouve bien qu'elle est liée à la connaissance.

Avant de terminer notre écoute intérieure du second chapitre de la Genèse, interrogeons-nous sur un dernier point. Quel est le sens de cette mort dont le Adam est menacé s'il mange du fruit de l'arbre de la connaissance? Je ne pense pas que le texte fasse allusion au décès physique, de la même façon que dans les lettres de Paul, il y a une différence entre l'idée de mort et l'idée de décès physique. Le mot "mort", dans ce contexte, évoque plutôt un passage vers un état autre, une transformation profonde, une mutation. Annick de Souzenelle propose d'ailleurs une autre traduction possible du "Tu mourras" du verset 17; cet autre sens est précisément: "Tu muteras." L'avertissement de Dieu serait, là encore, d'avoir à franchir un passage, une mutation pour laquelle on n'est pas prêt parce qu'on n'a pas fait la transformation intérieure correspondante. Une image en serait celle de cultures que l'on transforme trop vite d'une économie archaïque à une économie moderne. D'ailleurs, de la même façon, on peut se demander si notre monde est prêt pour la mondialisation telle que certains cherchent à la lui imposer sans se soucier de piétiner les traditions et les cultures. Entre l'immobilisme et la course à tombeau ouvert il y a place pour une juste mesure. Il n'y a, à mon avis, aucune raison de penser que l'être humain aurait, à une certaine époque de son histoire, vécu une vie sans décès physique, mais je respecte ceux et celles pour qui il s'agit là d'une hypothèse plausible.

TROISIÈME CHAPITRE

L'Arbre de la Connaissance (Gn. 3)

Nous reprenons donc la lecture du second récit de création au premier verset du chapitre trois de la Genèse. Les diverses traductions de la Bible donnent des titres aux différents chapitres ou sous-chapitres, pour faciliter la lecture et surtout la recherche de textes dans la Bible. Ces titres ne font pas partie du texte inspiré, et ils ont intérêt à être le plus neutre possible pour ne pas privilégier un aspect du texte au détriment des autres interprétations possibles. Ainsi, la Bible de Jérusalem conserve pour ce troisième chapitre de la Genèse le titre de "La chute", alors que la TOB ou la Bible de Chouraqui prennent pour titre un des éléments du récit; par exemple, pour Chouraqui: "Un serpent nu." Quand à Annick de Souzenelle, elle retient pour titre cette question essentielle et toujours actuelle de Dieu à l'être humain; "Où es-tu?"

Ceci posé, et sans idée préconçue, lisons le premier verset.

1   *Et le serpent était le plus rusé des animaux du champ que Yahweh-Elohîm a fait: il dit à Ishah: "Est-ce que vraiment Elohîm a dit que vous ne devez pas manger de tout arbre du jardin?"*

Arrêtons-nous ici car ce verset est lourd de sens.

Remarquons d'abord que le mot hébreu pour désigner le serpent, *Nahash*, peut se lire: "Le chemin vers le Nom", c'est-à-dire celui qui conduit à la racine trinitaire de l'être. Sans doute ne surgit-il pas par hasard à ce stade du récit. Il a un rôle à jouer dans la croissance de l'être humain, en autant que celui-ci ne s'abandonne pas en son pouvoir.

Dans certains textes bibliques, nous trouvons un personnage qui est désigné comme l'Adversaire. C'est le cas, par exemple, au début du livre de Job. L'Adversaire est là, non pas nécessairement pour détruire, mais pour faire obstacle, pour faire comprendre la nécessité d'une transformation. L'Adversaire ne devient l'ennemi que si l'on s'abandonne à lui sans lutte, au lieu de se transformer pour pouvoir lui résister. Ici, le serpent représente l'Adversaire.

Le serpent est rusé; on pourrait presque aussi bien dire qu'il est nu, car le mot "rusé" est le même que celui que l'on a traduit par "nus" en parlant du Adam et de son épouse au verset précédent. Eux aussi, on aurait pu les dire rusés, c'est-à-dire ayant accès à une certaine connaissance puisque le Adam, grâce à son Ishah, doit pouvoir trouver le chemin de la ressemblance de Dieu à laquelle il est appelé. Mais c'est ensemble, conjointement, que le Adam et son Ishah ont cette connaissance. Or précisément le serpent les sépare. Il parle à Ishah quand elle est seule. Le Adam a besoin d'une aide, son Ishah, mais Ishah, elle aussi, a besoin d'une aide, son Ish, son masculin pour la protéger. Et voilà que le serpent les sépare! Juste avant dans le texte, nous avons lu: "L'époux quittera son père et sa mère et il s'unira à son épouse et il deviendront chair UNE", UNE à l'image du Dieu UN. Mais Ish n'a pas su garder son Ishah, rester uni à elle et vice-versa. Mais peut-être. au fond, n'étaient-ils pas encore assez différenciés, assez autonomes chacun pour pouvoir vraiment être UN, unis? Jusqu'ici dans le récit, le Adam n'avait parlé de son Ishah qu'à la troisième personne. Peut-être était-elle encore trop sa chose, l'os de ses os et la chair de sa chair? Ils n'étaient pas encore devenus chair commune, UNE. Ishah n'était pas encore devenue une aide contre lui.

Mais le serpent ne sépare pas seulement Ishah de son époux; dans la façon dont il s'exprime et donc dans l'esprit d'Ishah, il sépare également Elohîm de Yahweh. Depuis le début de ce second récit de création, Dieu a toujours été désigné par Yahweh-Elohîm. Or, quand le serpent parle à Ishah, par trois fois il parle de Dieu en l'appelant seulement Elohîm. Nous avons déjà dit que l'on peut voir dans le nom Elohîm une représentation masculine de Dieu, le Dieu qui fait, qui agit, Yahweh étant la représentation féminine de Dieu, le Dieu qui est. Le serpent sépare donc, si l'on peut dire, l'aspect masculin de Dieu de son aspect féminin, comme il a séparé les pôles masculin et féminin de l'être humain. Il cherche à mettre en opposition en quelque sorte l'aspect masculin de Dieu avec le pôle féminin de l'être humain. En cela il fait œuvre diabolique car la signification du mot "diabolique" est "ce qui divise" alors que "symbolique" signifie "ce qui unit".

Tout au long du premier récit de création, nous avions vu que Dieu aussi séparait pour que la vie puisse surgir. Il séparait la lumière des ténèbres, le sec de l'humide, le ciel de la terre. Dieu sépare pour réunir et, au fond, peut-être était-il souhaitable que Ishah puisse davantage prendre son espace vis-à-vis de son époux afin d'être vraiment son aide-pour-grandir et non pas sa chose ou sa servante? Mais le serpent les divise, ce qui n'est pas la même chose que d'aider à prendre sa distance. Le rapprochement entre cet épisode et le drame de bien des couples au long des âges est facile à faire.

Continuons la lecture, au verset 2 du chapitre 3.
2   *Et Ishah dit au serpent: "Du fruit des arbres du jardin nous mangeons, et du fruit*
3   *de l'arbre qui est au milieu du jardin, Elohîm a dit:«Vous ne mangerez pas de lui et vous n'y toucherez pas, de peur que vous mourriez.»"*
4   *Et le serpent dit à Ishah: "Non, vous ne mourrez pas, vous ne mourrez pas,*
5   *car Elohîm sait que le jour où vous mangerez, vos yeux s'ouvriront et vous serez comme Elohîm, connaissant l'accompli et le non-accompli."*
6   *Et Ishah voit que l'arbre est accompli pour manger et désirable pour les yeux et précieux pour réussir. Elle prend de son fruit et elle mange et elle donne aussi à son époux avec elle et il mange.*

Faisons quelques commentaires avant d'aller plus loin. Tout d'abord nous voyons qu'Ishah reprend à son compte le commandement fait au Adam avant qu'elle n'apparaisse dans le récit comme différenciée de lui. Elle y ajoute même en parlant de ne pas toucher à l'arbre. Mais elle tombe dans le piège du serpent en séparant elle aussi Elohîm de Yahweh. Nous nous rappelons que, dans le premier récit, Elohîm avait créé l'être humain mâle et femelle. Dans le second récit, Yahweh-Elohîm crée l'être humain masculin-féminin, ce qui n'est pas la même chose, chacun et chacune étant masculin-féminin. Le serpent a ramené le Adam et son *Ishah* à être simplement mâle et femelle comme nous le verrons plus loin.

Autre confusion, elle parle de l'arbre qui est au milieu du jardin, alors que le récit nous a précédemment parlé de deux arbres au milieu du jardin. L'interdit s'applique à l'arbre de la connaissance mais pas à l'arbre de vie. Ishah n'a pas vu la différence. Pourtant il semble bien que ces deux arbres, eux aussi, ne doivent pas être séparés. Comme nous le verrons, l'arbre de vie est celui de la connaissance de Dieu. Mais, là encore, il ne s'agit pas d'une connaissance intellectuelle, d'une connaissance à saisir comme le ferait un théologien. Dieu est amour et c'est en aimant que, peu à peu, on parvient à le connaître. Ne pas séparer les deux arbres du jardin, c'est au fond se rappeler que la connaissance sans amour est un poison mortel. D'ailleurs le texte le dit: "De peur que vous ne mourriez" ou que vous ne mutiez, que vous ne soyez l'objet d'une transformation trop grande, pour laquelle vous n'êtes pas prêts, et qui vous empêchera en fait de progresser. Ne plus pouvoir avancer, c'est cela la mort, la vraie mort, à la différence du décès physique qui est juste passage vers une vie autre. Vous n'y toucherez pas; on pense à ces paroles de Jésus à Marie-Madeleine au matin de Pâques: "Ne me touche pas" tu ne peux pas entrer trop vite dans mon état de ressuscité, qui, lui, est en lien avec l'Arbre de Vie.

Puis il y a la promesse du serpent, au futur bien sûr. Elle tient en un point négatif: vous ne mourrez pas, et trois points positifs: 1) vos yeux s'ouvriront, 2) vous serez comme Elohîm, 3) vous connaîtrez l'accompli et l'inaccompli.

À ce point nous pourrions nous rappeler ce texte qui parle du Christ dans la lettre aux Philippiens. Paul dit d'abord à ses lecteurs: "Ayez un même amour, un même cœur, recherchez l'unité, ne faites rien par rivalité, par gloriole"; on pense à l'arbre précieux pour <u>réussir</u>. Donc, après cette exhortation, Paul continue: "Ayez entre vous les dispositions du Christ Jésus: lui qui est de condition divine n'a pas considéré comme une proie à <u>saisir</u> d'être l'égal de Dieu, mais il s'est <u>vidé</u> lui-même, prenant la condition de serviteur." En d'autres mots, il n'a pas voulu saisir, s'approprier le fruit de l'arbre, mais au contraire il s'est vidé de sa connaissance pour prendre humblement le chemin des êtres humains. Le texte de Paul conclut: "C'est pourquoi Dieu l'a souverainement élevé et lui a conféré le Nom qui est au-dessus de tout nom", le Nom qui signifie que l'on a atteint la ressemblance de Dieu. Car c'est bien à cela que nous sommes appelés si nous savons respecter les étapes que Dieu a établies dans sa sagesse et dans son Amour.

Notons enfin que le texte dit que Ishah donne du fruit à son époux avec elle; ils sont de nouveau confondus l'un dans l'autre au lieu d'être unis. Cette notion du pôle féminin de l'humanité est très importante et j'en ai fait aussi le sujet d'une série d'émissions radiophoniques, qui, quinze ans plus tard, a aussi été transformée en format livresque. Comme nous l'avons dit précédemment, nous vivons dans un monde où le féminin est réduit à un destin fantôme. Souvent, même chez les femmes. Le Adam, être humain mâle ou femelle, est confondu avec son *Ishah*, il ne sait plus qui il est, il n'est pas conscient qu'il a façonné un monde d'esprit masculin. Le récit biblique suggère que cette situation est en rapport avec notre attitude face à la connaissance. La connaissance est vue comme précieuse pour réussir. C'est au moins l'attitude qui prévaut dans la plupart des établissements d'enseignement. La connaissance qui intéresse est celle qui permettra de réussir, d'avoir plus: plus de biens de consommation, plus de pouvoir. La connaissance qui permettrait d'être plus n'est pas valorisée. "De peur que vous ne mouriez", dit le texte biblique; "La connaissance sans amour est un poison mortel", dit la sagesse tibétaine. Nos civilisations modernes risquent bien de mourir si elles ne retrouvent pas cette *Ishah*, ce vis-à-vis qui doit leur rappeler qui elles sont. Mais en même temps, le féminin doit demeurer mystère. Si tu cherches à le connaître, tu le tues car il est imprévisible, *happening*, et c'est au jour le jour qu'il te révèle qui tu es appelé à être. Et il n'y a pas de limite autre que Dieu lui-même.

Continuons la lecture du chapitre 3 de la Genèse, au verset 7.

7   *Et leurs yeux s'ouvrent pour eux deux et ils connaissent qu'ils sont nus et ils cousent des feuilles de figuier et se font des ceintures.*
8   *Ils écoutent la voix de Yahweh-Elohîm qui va et vient sur le souffle dans le jardin,*
    en ce jour où le Adam et son Ishah se cachent. Ils se dérobent de la face de Yahweh-Elohîm qui demeure au centre du jardin.

9   Yahweh-Elohîm appelle le Adam et lui dit: "Où es-tu?"
10 Et il dit (le Adam): "J'ai écouté ta voix dans le jardin et j'ai peur car je suis nu et je me cache."
11 -"Qui t'a fait savoir que tu es nu? L'arbre dont je t'avais ordonné de ne pas manger, en as-tu mangé?"
12 Le Adam dit: "L'épouse que tu m'as donnée pour être avec moi, elle m'a donné de l'arbre et j'ai mangé."
13 Yahweh-Elohîm dit à Ishah: "Toi qui es celle-ci, qu'as-tu fait?" Et Ishah dit: "Le serpent m'a séduite et j'ai mangé."

Nous arrêtons un moment la lecture pour nous pencher sur certaines particularités du texte.

"Leurs yeux s'ouvrent pour eux deux." Cette remarque sonne à priori comme un progrès. On songe aux disciples d'Emmaüs après la Résurrection: "Alors leurs yeux s'ouvrirent et ils le reconnurent." Mais à Emmaüs, les yeux des disciples s'ouvrent sur la lumière du Christ ressuscité. Ici, ils s'ouvrent sur la nudité, le vide de l'Adam et de son Ishah. Le mot traduit par "nus", "ils s'aperçoivent qu'ils sont nus", employé dans ce verset 7, n'est pas le même que celui que nous avions trouvé à la fin du chapitre 2 pour parler de l'Adam et de son Ishah, mot repris ensuite pour parler du serpent. La nudité d'alors était symbole de la lumière accomplie, de la gloire divine. La nudité que le Adam et son Ishah découvrent après avoir mangé de l'arbre est plutôt leur nudité intérieure, tout ce qui n'est pas encore accompli en eux et qu'ils n'auraient dû découvrir que peu à peu s'ils ne voulaient pas en être écrasés. Leurs yeux s'ouvrent mais ils sont aveuglés et leur réflexe est de se cacher. Or, en se cachant au monde extérieur, ils se cachent aussi l'un à l'autre et cessent d'être une aide pour l'autre. On n'est pas source de lumière pour les autres en étant parfait, mais en acceptant de leur révéler nos ombres comme nos lumières.

En se cachant, ils s'éloignent du centre du jardin, là où est Dieu et là où ils étaient appelés à être. Car l'arbre de la connaissance était là pour eux, comme l'Arbre de Vie, mais pas pour qu'ils le saisissent pour s'en emparer. Ils se réfugient à l'extérieur d'eux-mêmes.

Dieu appelle: "Où es-tu?" Est-ce Dieu qui ne le sait pas ou est-ce le Adam? Cet appel de Dieu: "Où es-tu?" "Où en es-tu?" il résonne tout au long de nos vies, source de croissance pour tous ceux qui l'accueillent dans l'humilité. Alors le Adam est obligé de se révéler. C'est la première fois dans le texte qu'il parle à la première personne. Mais lui qui est appelé à devenir "Je Suis" à l'image de Dieu ne peut dire que: Je suis dans la crainte..." avec l'explication "... car je suis nu", et là encore, c'est la nudité intérieure qui est évoquée.

"Qui t'a montré que tu étais nu?" dit Dieu... "alors que jusqu'à présent, tu étais vêtu du regard d'amour que je portais sur toi!" On pourrait aussi lire: "qui t'a enseigné à ne pas être, alors que je t'avais simplement dit: "Sois!" Adam n'est pas prêt, sans se détruire, sans avoir honte, à faire face à tout l'inaccompli en lui. Comme ces enfants qui veulent trop vite faire les grands ou chez qui on développe les complexes des plus jeunes dans une famille nombreuse en leur donnant sans arrêt l'exemple des aînés.

Alors le Adam cherche à rejeter la faute sur son Ishah et sur Dieu. C'est à cause de l'épouse que toi <u>tu</u> m'as donnée. D'ailleurs Dieu ne la lui a pas donnée, il l'a fait venir vers lui, non pas pour qu'elle soit sa chose mais son vis-à-vis. Et la femme à son tour rejette la faute sur le serpent. Pourtant Dieu lui a rappelé son origine: "Toi qui es celle-ci", c'est-à-dire le chemin; c'est par ces mots que le Adam l'avait accueillie au sortir de son sommeil-extase où Dieu l'avait plongé. Remarque d'une petite fille à qui on racontait cette histoire: "Il a dit que c'était elle. Elle a dit que c'était le serpent, et voilà pourquoi ils n'ont pas été pardonnés. Si chacun avait dit: "c'est ma faute", il y a longtemps que cette histoire serait finie." Peut-être étaient-ils pardonnés malgré tout, sans que la petite fille l'ait compris et eux non plus. Nous verrons ce que dit la suite de l'histoire. Ce qui semble certain, c'est qu'ils ont perdu la Joie. Alors ne faisons pas comme eux.

Reprenons notre lecture de ce troisième chapitre de la Genèse. Nous en sommes maintenant au verset 14, après que l'homme et la femme aient cherché des excuses. Alors Dieu parle.

14 Yahweh-Elohîm dit au serpent: "Puisque tu as fait cela, maudit sois-tu parmi le bétail et parmi tous les vivants du champ. Sur ton ventre tu marcheras et la poussière tu mangeras, tous les jours de ta vie.

15 Je placerai une inimitié entre toi et Ishah, entre ta semence et sa semence. Sa semence t'écrasera la tête et toi tu lui écraseras le talon."

16 Yahweh-Elohîm dit à Ishah: "Je multiplierai beaucoup tes souffrances et tes grossesses. Dans la douleur tu enfanteras tes fils. Vers ton époux te porteront tes désirs et lui dominera sur toi."

17 Et Yahweh-Elohîm dit à l'Adam: "Puisque tu as prêté l'oreille à la voix de ton Ishah et que tu as mangé de l'arbre au sujet duquel je t'avais donné un ordre en disant: «Tu n'en mangeras pas», maudite est la terre-mère dans son rapport à toi, dans la peine tu la mangeras tous les jours de ta vie.

18 Elle fera germer pour toi ronces et épines; tu mangeras l'herbe des champs.

19 Dans la sueur de tes narines tu mangeras du pain, jusqu'à ce que tu retournes vers la terre-mère (la Adamah), car c'est d'elle que tu as été pris, car tu es poussière et vers la poussière retourne-toi."

L'un après l'autre nous commenterons ces six versets. Au verset 14, nous avons lu: "Puisque tu as fait cela...", mais, en fait, nous aurions dû lire: puisque tu as fait <u>celle-là</u>, car le pronom est féminin. Puisque tu as séparé Elohîm de Yahweh, le faire de l'être et que tu as voulu faire Ishah, le pôle féminin de l'être humain à l'image exclusive de l'aspect masculin de Dieu; puisque tu as dit que je ne voulais pas que l'être humain accède à la connaissance; puisque tu as voulu empêcher la rencontre de Yahweh et Elohîm dans le cœur de l'être humain, rencontre qui doit lui permettre de devenir qui il est; alors tu te nourriras de la poussière, celle dont le Adam a été formé avant que Dieu l'appelle à la vie, à être. Mais dans tes tentatives pour te nourrir de la substance de l'être humain, tu t'opposeras à Ishah, elle qui n'est pas formée de la poussière de la terre, elle qui garde en elle le secret de la ressemblance qui sera réalisée, accomplie, dans sa semence, dans sa descendance, le Christ. Il y a inimitié entre le serpent et le féminin, entre ceux qui veulent s'approprier la connaissance pour en tirer profit ou pouvoir, et ceux qui veulent croître au niveau de l'être. Et celui qui écrase la tête du serpent, c'est celui qui est de la descendance d'Ishah, le Christ, celui qui tout en étant pleinement humain, réalise en lui la ressemblance de Yahweh-Elohîm.

Suivent les malédictions pour Ishah, c'est-à-dire pour l'être humain dans ses fonctions féminines. Si Ishah semble en avoir plus que sa part, ce n'est pas parce qu'elle a accédé la première à la connaissance, mais parce qu'elle doit ramer à contre-courant pour engendrer l'être humain dans sa dimension divine. "Ton désir te portera vers ton époux...", le masculin, le prestigieux; le mental cherche à dominer sur toi, à faire taire tes intuitions, à te faire oublier qui tu es. "Tu accoucheras dans la douleur..." du fils de l'Homme qui est appelé à naître de chacun de nous, car tu as libéré trop tôt les forces de la connaissance rationnelle qui étaient en réserve pour l'aider à croître, mais une étape à la fois. Ce travail d'engendrement, c'est finalement le Christ qui l'accomplira, dans la douleur, dans cette dernière étape de la création que constitue l'Incarnation et dont nous parlerons plus longuement dans un autre chapitre. Notons aussi qu'il n'est pas question pour Ishah de mort ou de retour à la poussière. Notre pôle féminin serait-il éternel et semence d'éternité?

Puis Dieu se tourne vers le Adam: "Puisque tu as écouté la voix de ton Ishah..." Le Adam ne devait-il pas écouter l'aide qui lui avait été donnée? Dans le genre "sois belle et tais-toi!" Certainement pas, mais il ne devait pas pour autant cesser de s'écouter lui-même, de se voir en elle, d'être également "aide contre elle". Sinon, il entre dans la ruse du serpent qui divise, il ne sait plus grandir en écoutant tout à la fois son intuition et son mental. Vous avez peut-être noté que Dieu parle de l'arbre objet de l'interdit, et non plus de l'arbre de la connaissance. C'est comme si, tout à coup, la connaissance avait été utilisée de travers et qu'elle ne méritait plus le nom de connaissance. Elle était sagesse et elle est devenue comme un ensemble de données que l'on peut accumuler dans un ordinateur.

Puis Dieu continue: "Ton rapport à la terre-mère est faussé. Par la connaissance, tu vas chercher à l'exploiter au lieu de lui donner, et elle ne te donnera plus de fruits. C'est d'elle dont tu te nourriras (tu la mangeras) au lieu d'en attendre les fruits." Par cinq fois, dans la parole de Dieu adressée au Adam, apparaît le mot "manger". Mais la cinquième fois, et le cinq est le nombre de la vie, il est question de manger du pain puis d'un retournement vers la terre-mère, car c'est d'elle que tu viens, vers ton côté femelle car c'est lui qui contient le secret de qui tu es, de ton vrai Nom. Jusqu'à ce que tu retournes vers le secret de tes origines, cette poussière dont tu es sorti. Et ce pain, mentionné pour la première fois dans la Bible (jusque là, il était question de manger de l'herbe et des fruits), ce pain n'évoque-t-il pas ce pain que nous donne à manger le Christ, l'homme accompli et qu'on appelle Pain de Vie. Comment pourrait-on lire ce passage de la Bible comme une malédiction, alors qu'il ouvre déjà sur la vie éternelle? Et notons que le mot "mort" n'a pas été prononcé par Dieu.

Continuons la lecture du troisième chapitre de la Genèse, les versets 20 et 21.

20   Et l'Adam appelle son épouse du nom de Hawah (Ève), car elle était mère de toute vie.
21   Yahweh-Elohîm fait pour Adam et son épouse des tuniques de peaux et il les en revêt.

Comme d'habitude, nous soulignons les particularités de ce texte qui sont lourdes de sens.

Au premier verset que nous venons de lire, j'ai conservé le nom hébreu de Ève, Hawah, à cause du rapprochement avec le mot Hayah, "vivantes", qui, dans la formule "âmes vivantes", désignait les animaux et l'être humain lors de la création. Or, le mot Hawah, Ève, est moins fort que le mot Hayah qui contient le Yod, notre "y", la première lettre du nom de Yahweh. Ishah était plus qu'une âme vivante ordinaire puisque Dieu n'avait pas pu la façonner de la même façon que les autres. En la renommant Hawah, Ève, le Adam la rabaisse au-dessous de l'animal. Il est vrai que l'animal, lui, n'a pas à surmonter l'obstacle de son mental et peut plus facilement être âme vivante, en contact avec son psychisme. La maternité d'Ève dont parle le texte est uniquement biologique... Ici, le Adam reconnaît Ishah dans sa fonction femelle, de reproductrice. Mais peut-être, dans la vision du Adam, est-elle désormais limitée à cette fonction? En tout cas, cette façon de considérer les femmes n'a pas manqué d'adeptes au long des siècles y compris dans les milieux religieux. L'aide avait été donnée au Adam pour l'aider à croître, et il s'en sert uniquement pour se multiplier. Pensons à toutes ces civilisations qui ont tendance à limiter le rôle de la femme à ses fonctions de reproductrice; pensons à toutes ces mamans trop jeunes et trop chargées d'enfants et qui découvrent, un peu tard, qu'elles n'ont ni le temps ni la force d'accompagner dans la vie ces enfants qu'elles ont mis au monde, se trouvant ainsi réduites à leur fonction de reproductrices.

Beaucoup d'explications ont été données à ces tuniques de peaux dont Dieu revêt le Adam et son épouse. Certains y ont même vu le début d'une existence mortelle. Dans la signification du mot hébreu Or qui désigne la peau, on retrouve le sens de lumière, mais une lumière qui n'est pas la lumière divine; une lumière simplement humaine si l'on peut dire. Dieu chercherait à protéger le Adam et son épouse d'une lumière pour laquelle ils ne sont pas prêts, pour leur laisser le temps de s'ouvrir à la vraie lumière. Mais, en même temps, ces tuniques privent l'être humain du plein accès à la lumière des autres, jusqu'à ce qu'il ait pu purifier son regard. "Heureux les cœurs purs, ils verront Dieu."

Nous allons terminer la lecture de ce troisième chapitre de la Genèse; il ne reste que trois versets. Puis nous reviendrons longuement sur les leçons que l'on peut tirer de cette histoire. N'oublions pas que c'est de ce texte dont on s'est servi pour développer la notion de péché originel. La phrase qui me paraît la plus importante est peut-être cette question de Dieu à Adam: "Qui t'a dit que tu étais nu?" Qui a cherché à t'humilier? Pour moi, il y a dans cette question toute la tendresse de Dieu qui ne veut pas que ses fils et ses filles soient humiliés. Cette question de Dieu annonce déjà la première Béatitude: "En marche les humiliés..." Et d'ailleurs on pourrait pousser plus loin le rapprochement entre les récits de création et les Béatitudes. Nous venions d'évoquer la sixième Béatitude avec les cœurs purs. Maintenant nous retrouvons la première. Mais une bonne partie de ce second récit de création, avec l'apparition du féminin n'est-elle pas dans la ligne de la seconde Béatitude: "Heureux ceux qui pleurent...", heureux ceux qui acceptent d'être connectés à leur pôle féminin? Par la suite, le récit de la Genèse nous ramènera à la Béatitude des doux et à celle des persécutés. Les récits de création sont en tête de la Bible, comme les Béatitudes sont en tête de la prédication de Jésus. Il s'agit de deux textes fondateurs.

Terminons donc la lecture du troisième chapitre de la Genèse, les versets 22 à 24.

22 *Et Yahweh-Elohîm dit: "Voici, l'Adam est capable de devenir UN, à cause de l'arbre conduisant à la connaissance de l'accompli et de ce qui n'est pas encore accompli. Et maintenant, prenons garde qu'il étende la main et prenne aussi de l'Arbre de Vie, qu'il en mange et qu'il vive pour la perpétuité.*

23 *Yahweh-Elohîm renvoie l'Adam du jardin d'Éden pour travailler la terre-mère car de là il a été pris.*

24 *Yahweh-Elohîm chasse l'Adam et il établit, venant de l'Orient du jardin d'Éden, les chérubins et la lame de l'épée tournante pour garder le chemin de l'Arbre de Vie."*

Au verset 22, nous retrouvons l'arbre de la connaissance ainsi que l'Arbre de Vie. L'arbre de la connaissance est celui qui permet à l'être humain de bâtir peu à peu son unité, de réaliser en lui la ressemblance de Dieu, si, au lieu d'en manger, il se transforme pour devenir lui-même arbre de la connaissance, porteur de fruit à cause de ce qu'il est. L'Arbre de Vie est celui de la connaissance de Dieu. On se rappelle cette phrase de Jésus après la Cène: "La vie éternelle, c'est qu'ils te connaissent toi le seul vrai Dieu..." Mais au point où en sont le Adam et son épouse, comme d'ailleurs encore beaucoup de leurs descendants, tout ce qu'ils pourraient faire, c'est faire Dieu à leur image, avec le risque de vivre continuellement dans cette fausse image de Dieu. Je dis bien "continuellement" et non pas "éternellement", car l'éternité est d'un autre ordre, comme nous l'avons dit. Dieu veut en même temps protéger l'Arbre de Vie des atteintes du Satan et garder à l'Orient le jardin d'Éden, le jardin de la Joie dont nous avions vu qu'il ouvrait à l'Orient, au Soleil levant. Il ne s'agit pas de barrer le chemin de l'Arbre de Vie mais de le garder. Dieu garde le chemin (et nous savons que Jésus est le chemin) de l'Arbre de Vie (et nous savons que Jésus est la Vie). On pense à l'ange étincelant qui s'assied sur la pierre renversée du tombeau au matin de Pâques. Les chérubins ont su garder l'Arbre de Vie, Jésus est ressuscité! Mais de nos jours, ne peut-on pas se demander si ce ne sont pas les manipulations génétiques qui cherchent à s'approprier l'Arbre de Vie?

Le verset 23, où il est dit que le Adam doit travailler la terre-mère est une reprise du verset 15 où, placé dans le jardin d'Éden, le Adam devait travailler la terre-mère et la garder. Mais ici, il n'a plus pour tâche de la garder, puisque, pour l'instant, il s'en est révélé incapable.

Nous venons de terminer la lecture de ce troisième chapitre de la Genèse, souvent appelé celui de la chute, mais qui nous est plutôt apparu comme les premières étapes de croissance de l'être humain, cet être humain que, dès sa création, Dieu avait précisément appelé à croître. Et le renvoi du jardin d'Éden n'évoquait-il pas cette seconde rupture du cordon ombilical que connaît l'enfant quand il doit quitter la chaleur du nid familial pour aller, pour la première fois, à la garderie ou à l'école? Ayant libéré le premier récit de création de son auréole de création achevée et parfaite, nous avons pu faire une lecture moins culpabilisante pour l'humanité de ce fameux épisode de la "pomme d'Adam". Mais où cela nous laisse-t-il en face de la question du péché et en particulier de ce fameux péché originel qui hante encore le vocabulaire chrétien? C'est la question sur laquelle nous allons prendre le temps de nous arrêter avant d'aller plus loin dans la lecture de l'histoire de ceux que nous avons vu devenir Adam et Ève.

On peut penser que s'il y a une telle réticence à réévaluer et éventuellement à reformuler le dogme du péché originel, comme le prouve une tentative dans ce sens initiée par Paul VI et qui a avorté au bout de six mois, c'est parce que l'on craint de faire disparaître la notion de péché. Or, mon expérience pastorale prouve que cette crainte n'est pas fondée. Il y a un peu plus de 30 ans, quand on rencontrait des parents avant le baptême de leur enfant, il y en avait quelques-uns qui avouaient vouloir le faire baptiser pour effacer en lui la tache du péché originel. Mais en fait, si on les poussait un peu à s'expliquer sur ce point, ils avouaient qu'ils ne croyaient pas vraiment que cette petite merveille à laquelle ils avaient donné la vie était souillée à cause de la faute d'un lointain ancêtre. Vingt ans plus tard, plus personne n'évoquait ce péché originel lors de rencontres pré-baptismales, mais par contre, tous ces parents sont conscients du péché dans leur vie… et du pardon de Dieu.

Nous n'avons pas encore rencontré le mot "péché" dans le récit biblique. Ce sera au verset 7 du chapitre 4; donc, nous n'en sommes pas loin. Ce sera le mot hébreu *Hatat*, qui signifie: manquer la cible, impliquant qu'on ne visait pas dans la bonne direction et qu'il faut se tourner, se convertir, pour pouvoir viser plus juste. Ce qui est peut-être nécessaire aussi, c'est de reconnaître que l'on a besoin d'aide pour atteindre la cible, que l'on a besoin de Dieu pour réaliser en nous-mêmes la ressemblance de Dieu. Pour Jésus, le pécheur véritable n'était pas la prostituée ou le publicain, mais bien l'homme religieux lui-même, le prêtre, le Pharisien de tous les temps, de toutes les religions et de toutes les philosophies. Au fond, tous ceux qui prétendent se sauver eux-mêmes en observant la loi, par la pratique des œuvres ou par leur propre sagesse. Manquer le but par connaissance erronée! Le péché, c'est l'intellect lorsqu'il oublie l'Esprit et cela nous ramène à l'arbre de la connaissance. Le péché, c'est de vouloir être comme Dieu, sans que cela soit l'œuvre de l'Esprit en nous. On est en situation de chute, de péché chaque fois que l'on se laisse dominer par le monde matériel; et la pensée c'est de la matière. Le péché, c'est se figer dans un état inaccompli, en se croyant arrivé parce qu'on respecte certaines observances. Comme le dit l'apôtre Paul aux Romains; "Dieu a enfermé tous les êtres humains dans la désobéissance pour les prendre tous en sa miséricorde", en sa tendresse qui engendre. Dieu a créé l'humain inachevé pour que chacun puisse peu à peu s'accomplir. Le péché, ce ne sont pas les erreurs de parcours, c'est de ne pas avancer. Et cela introduit une dimension collective au péché. Car de même que le Adam avait besoin de son Ishah pour devenir un être accompli, de même l'être humain a besoin des autres pour accéder à sa dimension de fils ou de filles de Dieu. L'Esprit de Dieu ne nous parle-t-il pas le plus souvent par les autres? On voit des civilisations entières qui ne progressent pas parce qu'elles ont établi comme critères du bien des normes de comportement d'êtres pas encore accomplis. Les Juifs, quant à eux, dans la ligne de la Bible, avaient très fortement cette perception du péché collectif. Le fait d'être conscient du péché collectif n'empêche pas forcément de le commettre, mais c'est déjà mieux que d'être inconscient du mal dont on est la source.

Notons qu'il y a toute une tendance actuelle à ramener le péché originel à ce qu'on appelle le péché du monde. Ce courant de pensée revient à dire que si l'être humain pèche, ce n'est pas parce qu'il a hérité de la faute d'un lointain ancêtre, mais parce qu'il naît dans un monde pécheur qui l'entraîne au péché. Dans la ligne de cette mal croyance, une bonne éducation pour l'enfant serait plus importante que le salut en Jésus-Christ. Seul un retour à nos textes fondateurs peut nous permettre d'y voir clair, si on ne leur fait pas dire ce qu'ils ne disent pas; ces textes fondateurs incluent ceux qui nous parlent de l'Incarnation de Dieu en Jésus-Christ. Le Christ est-il le mécanicien de service qui vient réparer la belle machine créée par Dieu et que l'on a détraquée par orgueil, ou simplement parce que l'on ne savait pas la faire fonctionner, parce qu'on n'avait pas compris l'importance des instructions de la notice d'utilisation? Jésus est-il nécessaire à la plénitude de l'être humain, à cause d'un incident de parcours ou à cause de la nature de l'être créé par Dieu? Dieu s'incarne en Jésus, non pas pour effacer la tâche originelle, au sens d'un péché commis par l'être humain, mais parce que ce dernier a besoin d'un supplément d'être, de création, de vie. Le début de l'Évangile de Jean, cet autre récit de création, le dit de façon non équivoque: "À tous ceux qui l'ont accueilli, le Christ, Parole de Dieu, donne le pouvoir de devenir enfants de Dieu", c'est-à-dire de réaliser la ressemblance avec Dieu. Il ne s'agit pas de redonner un pouvoir perdu par le péché, mais d'entrer dans une autre étape de la création. Nous reviendrons plus en détail sur cette création nouvelle en Jésus.

Au fond, si on prend une image toute simple de la croissance d'un être humain, la "chute" comme on l'appelle est liée au commencement de l'histoire de l'homme. Comme un enfant chute les premières fois où il essaye de se mettre debout, ce qui pourtant correspond pour lui à un progrès. Si Dieu a utilisé les lois de l'évolution pour, au moins partiellement, faire croître cet être à qui il avait donné la vie et ordonné de croître, il y a eu un temps dans l'histoire où il est passé d'un comportement instinctif à un comportement conscient et, de ce fait, de plus en plus responsable. Là encore, dans le parallèle avec la croissance d'un petit d'homme, on dirait qu'il a atteint peu à peu "l'âge de raison". Aurait-il été préférable que l'être humain croisse dans le milieu protégé du jardin d'Éden, comme dans un cocon familial clos, ou au contraire comme un enfant de la rue? Faisons confiance à la sagesse de Dieu qui, comme nous le verrons, même s'il chasse Adam et Ève du jardin d'Éden, leur conserve tout son amour et les accompagne dans leur croissance.

Le chapitre 4 de la Genèse nous permettra, avec le personnage de Lemek de voir plus clair sur cette place du péché dans la croissance de l'humanité; mais il sera alors question de solidarité dans ce qui n'est pas encore accompli. Au lieu de parler d'un péché qui se transmet, ce qui est d'ailleurs tout à fait étranger à la foi juive pourtant très attachée à ces récits de création, peut-être ce qu'il convient d'en retenir, c'est la tentation devant l'arbre de la connaissance. Car cette tentation est encore actuelle. Sans revenir sur tout ce que nous avons dit concernant les raisons possibles de l'interdit divin, rappelons ici quelques points essentiels:

-La connaissance sans amour est un poison mortel et de nos jours encore, la recherche effrénée de la connaissance continue à tuer, soit mort physique par les armes, soit mort psychique par le mépris et l'humiliation.

-L'être humain a besoin de son Ishah, de son pôle féminin pour grandir dans la connaissance vraie et ce pôle féminin est de plus en plus menacé dans notre monde par la domination de la raison ("Il dominera sur toi.").

Si le péché n'a pas introduit la mort, il a introduit la peur de la mort, et celle-ci est souvent mauvaise conseillère: "Celui qui veut sauver sa vie la perdra", dit le Christ.

-La recherche effrénée de la connaissance entraîne l'esclavage du travail au lieu d'en libérer.

-La mort, la vraie mort, c'est de ne pas avancer. Cela peut venir de ce qu'on est écrasé par un sentiment d'impuissance ou de culpabilité. Ces deux sentiments sont la conséquence d'un accès à la connaissance qui ne suit pas le rythme de notre découverte de l'amour de Dieu.

Nous allons retrouver certains de ces points en abordant l'histoire de Qaïn et Habel et du premier péché spécifiquement nommé dans les récits de création.

Certains lecteurs et lectrices se demandent peut-être pourquoi je ne me sers pas tout simplement d'une traduction éprouvée de la Bible, comme celle de la TOB ou de la Bible de Jérusalem. En fait, si j'ai choisi de favoriser la traduction d'Annick de Souzenelle, ce n'est pas simplement à cause de sa proximité de l'hébreu original et de sa richesse. C'est aussi parce que c'était la traduction la plus en accord avec ma lecture des Évangiles. Précédemment, je signalais que certaines des Béatitudes se trouvaient déjà dans le texte des récits de Création de la Genèse. De la même façon, l'image du Père que je vois dans ces textes me paraît très en accord avec celle que le Christ est venu nous révéler. Dans la dernière partie du livre, nous prendrons précisément le temps de rafraîchir notre image du Père au contact de ces textes. La Parole de Dieu est une parole vivante, alors que les mots perdent peu à peu de leur force. Ou bien leur sens évolue. Toute traduction de la Bible a besoin d'être périodiquement révisée pour que la Parole de Dieu ne soit pas figée dans une traduction qui porte la marque d'une époque. Ce qui est important c'est que ces textes ne soient pas des récits vides, dans une langue morte, mais des lumières allumées pour éclairer notre présent et des portes ouvertes sur le futur. C'est pour cela qu'il est si important de redécouvrir la tendresse du Père pour pouvoir aborder le troisième millénaire et l'aborder dans la Joie car la Création se continue comme en écho à ces versets du prophète Isaïe où Dieu parle: "Voici, je crée des cieux nouveaux et une terre nouvelle ... Je vais créer fête et Joie qui ne passeront pas, je crée Jérusalem pour la Joie et son peuple pour la fête!"

QUATRIÈME CHAPITRE

Qaïn et Habel

Commençons maintenant ce quatrième chapitre du livre de la Genèse, dont les deux premiers versets vont nous maintenir dans la compagnie d'Adam et d'Ève.
1   Et le Adam connaît Hawah, son épouse et elle conçoit et elle enfante Qaïn et elle dit: "J'ai acquis un homme-Yahweh (ou à cause de Yahweh)."
2   Elle ajoute à son enfantement son frère Habel. Il est Hebel, gardien de troupeaux et Qaïn est travailleur de la terre-mère, la Adamah.
Nous arrêtons là pour commenter ces deux versets.

D'abord, le Adam connaît Hawah son épouse. On sait que dans la Bible cet usage du verbe connaître signifie connaître sexuellement. Mais en même temps, cela rappelle l'arbre de la connaissance dont nous avons parlé aux chapitres précédents. Or le texte ne dit pas: Adam et Ève se connurent mutuellement. Au lieu d'avoir deux êtres sujets du verbe "connaître", l'un est sujet et l'autre est objet: premier déséquilibre, premier écart de la ressemblance de Dieu. Dans le premier récit de création, nous avons vu Dieu engendrer d'abord à la troisième personne pour les choses matérielles ou les végétaux; puis il engendre à la première personne du singulier pour les animaux. Enfin, pour la création de l'être humain, Dieu parle à la première personne du pluriel. L'être humain ne peut être engendré que par des êtres en relation plurielle qui disent: "nous".

Avant même que la phrase soit finie, Ève a pris sa revanche. Elle dit: "J'ai acquis un homme avec Yahweh"; elle ne dit pas: "Nous avons eu un enfant"; deuxième déséquilibre. Elle reconnaît certes que toute vie vient de Dieu, mais dans son aveuglement maternel elle donne un peu trop vite à son enfant un statut divin; troisième déséquilibre.

Puis, dit le texte, elle ajoute à son enfantement et ce second enfant est d'abord présenté comme un frère pour le premier, défini uniquement en fonction de son aîné; quatrième déséquilibre, cette fois-ci entre les deux frères. Et le nom de ce second enfant est Habel, nom dont une des significations peut être comprise comme "le rien", "l'insignifiant", alors que le nom de Qaïn peut signifier "le nid du Nom divin"; cinquième déséquilibre. Habel est gardien de troupeau, alors que Qaïn est propriétaire terrien, différence de statut que l'on trouve tout au long de l'histoire de l'humanité, mais qui crée un sixième déséquilibre. Au fond, dans ces deux versets, on a déjà tous les éléments pour que l'histoire se termine mal. Qaïn et Habel démarrent dans la vie marqués par le péché de leurs parents, non pas parce que ceux-ci ont mangé de l'arbre de la connaissance, mais parce qu'ils n'ont pas su s'aimer et aimer leurs enfants comme Dieu aime. Mais vous avez peut-être noté combien ces six déséquilibres sont encore présents dans notre monde, en ce début du troisième millénaire après la naissance du Christ.

Et bien justement, parlons un peu de cette naissance du Christ par comparaison à celles de Qaïn et Habel. L'ange du Seigneur apparaît à Marie et lui propose d'avoir un enfant avec Dieu seul, privilège rare que semble s'attribuer Ève. Mais Marie sait par intuition qu'il faut un père et une mère qui s'aiment pour donner vie à un enfant, et pas seulement biologiquement. Alors elle répond: "Comment cela se fera-t-il si je ne connais point d'homme?" Elle sait qu'il ne suffit pas d'être connue, il faut aussi connaître, aimer. L'ange ne lui répond pas qu'elle sera connue de l'Esprit Saint; elle serait encore femme-objet. L'ange lui dit que l'Esprit Saint la couvrira de son ombre. On se croit de retour au second verset de la Bible où l'Esprit de Dieu plane dans l'ombre quand soudain jaillit la première parole, la première manifestation du Verbe de Dieu: "Que la lumière soit!".

Mais l'ange a retenu le message de Marie; il faut que l'enfant ait un père humain pour qu'il puisse croître comme tout fils d'homme, pour que les gens puissent dire: "N'est-il pas le fils de Joseph?". Alors il visite Joseph en rêve pour arranger l'affaire. C'est Matthieu qui nous raconte cette visite. Mais il nous dit d'abord que Joseph, conscient que Marie était enceinte, ne voulait pas la dénoncer en disant qu'il n'était pour rien dans cette grossesse. C'est l'opposé de l'attitude du Adam dénonçant son Ishah: "L'épouse que tu m'as donnée, c'est elle qui m'a donné de l'arbre."

Joseph n'avait pas connu sa femme sexuellement, nous dit le texte, mais il la connaissait de l'intérieur dans une intimité plus profonde encore, ce qui lui permet de comprendre son rêve. Et, nous dit le texte, "il prend avec lui son épouse, son Ishah." Dans le couple de Marie et Joseph, avant la naissance de Jésus, il y a un troisième personnage, essentiel pour un vrai face-à-face de l'homme et de la femme, et c'est l'Esprit Saint.

Et quand Jésus naîtra, les premiers à l'accueillir et à se réjouir seront les bergers, les descendants de Habel, aussi méprisés à cette époque-là que dans tous les temps. Tous les Habel du monde, les riens, les insignifiants, les marginalisés seront là pour accueillir la création nouvelle.

Continuons cette histoire dont nous avons vu qu'elle commençait sous de mauvais auspices, dans un contexte déséquilibré de toutes parts, où chaque acteur semble toujours faire l'opposé de ce qu'il faudrait. Et pourtant, c'est un chapitre capital pour l'histoire de l'humanité, que ce soit celle des origines, d'aujourd'hui ou de demain. C'est la rencontre de l'être humain avec son frère. Presque chaque fois que le nom d'Habel est prononcé, il lui est adjoint le mot "frère", "Habel ton frère", "Habel son frère"; parfois cela se produit deux fois dans le même verset. En Jésus, Dieu se fait frère des êtres humains. Son histoire n'est au fond pas tellement différente de celle d'Habel.

Mais en Qaïn et Habel, on peut aussi voir, symboliquement, les deux aspects d'un même être, son pôle masculin et son pôle féminin. Qaïn le cultivateur symbolise le pôle masculin de l'être, productif, centré sur les activités extérieures. Chez Habel, pôle féminin, on sent le souffle de vie intérieure. Il est berger du troupeau et le berger est celui qui permet d'être. Jésus aussi se comparera à un berger.

Alors écoutons ce que nous dit le texte au sujet des rapports entre les deux frères. Nous en sommes au verset 3 du quatrième chapitre de la Genèse.

3   Et c'est la fin des jours: Qaïn fait venir des fruits de la terre-mère en offrande à Yahweh.
4   Et Habel fait venir lui aussi des premiers-nés de son troupeau et de leur graisse;
5   Et Yahweh regarde vers Habel et son offrande et vers Qaïn et son offrande, il ne regarde pas. Et cela s'irrite beaucoup en Qaïn; son visage tombe.
6   Et Yahweh dit à Qaïn: "Pourquoi cela te brûle-t-il et pourquoi tombe ton visage?
7   N'est-ce pas que si tu agis pour l'accomplissement (si tu te transformes), alors élévation, mais si tu ne te transformes pas, le péché guette à la porte, vers toi va son désir, mais toi domine sur lui."
8   Et Qaïn dit à Habel son frère; Et c'est quand ils sont dans le champ. Qaïn se dresse vers Habel son frère et le tue.

Arrêtons ici la lecture et penchons-nous vers quelques particularités du texte, avant de le regarder dans son ensemble pour en approfondir le sens ou les sens.

Nous remarquons tout d'abord que le nom de Dieu a changé par rapport aux deux chapitres précédents, où Dieu s'appelait Yahweh-Elohîm, sauf dans la bouche du serpent. Cela signifiait sans doute que le récit issu de la tradition yahwiste du neuvième siècle avant Jésus-Christ avait été repris par la tradition élohiste du sixième siècle avant le Christ. Ici, nous revenons à la tradition yahwiste uniquement.

Qaïn et Habel font l'un et l'autre leur offrande à Dieu. Le texte ne dit pas si ces offrandes sont un geste d'amour désintéressé ou si, comme dans la plupart des religions de la terre, elles sont faites pour se concilier les bonnes grâces de Dieu. Dieu ne regarde pas vers l'offrande de Qaïn. C'est comme quand il se retire de sa création au septième jour pour que l'être humain croisse. Mais la réaction de Qaïn à cette stimulation est une réaction de colère. Dieu questionne cette colère. Mais Qaïn ne questionne pas Dieu sur la raison pour laquelle il regarde favorablement les offrandes d'Habel. Quand nous reviendrons plus loin sur ce point, nous en serons réduits aux suppositions

Au verset 7, certaines traductions disent: "Si tu fais le bien...", donnant une connotation morale, au niveau des œuvres, alors qu'il s'agit de faire de l'accompli, qui est transformation intérieure. Qaïn est mis à l'épreuve par Dieu; s'il accepte cette épreuve, il va en découvrir le sens, il va croître, ce que rend le mot "élévation". Sinon, le péché risque de le dominer. "Agir pour l'accomplissement", ce n'est pas "faire le Bien", avec un B majuscule, mais plus simplement faire du mieux. Dieu nous aime tels qu'Il nous a créés, à un certain niveau d'être mais "en croissance". Se comparer aux autres, qui ont reçu d'autres talents, c'est prendre le risque de tous les pharisaïsmes et de toutes les violences.

Au verset suivant la phrase semble interrompue: "Et Qaïn dit à son frère", mais on ne sait pas ce qu'il lui dit, Là encore, certaines traductions se sont crues autorisées à boucher ce vide et à mettre des mots dans la bouche de Qaïn: "Allons dehors" (bible de Jérusalem), "Allons dans la campagne" (bible des communautés chrétiennes), mais il n'y a rien de tel dans le texte inspiré. On pourrait dire: Qaïn parle à Habel.

Dernière remarque sur la lettre de ce verset: le verbe qui est traduit par "tuer" est très proche du mot *Hagar* qui désigne l'étrangère, c'est-à-dire l'opposé du frère.

Penchons-nous maintenant sur les significations pour nous de ce premier drame biblique. Il s'agit maintenant de chercher à en comprendre le sens. Et tout d'abord essayer de comprendre pourquoi Dieu refuse de regarder vers l'offrande de Qaïn. Le texte de la Genèse n'est pas très explicite; mais les textes bibliques ne manquent pas où Dieu, par la bouche des prophètes, exprime son dégoût pour les sacrifices qu'on lui offre, qui sont tous des dons extérieurs, alors que le sacrifice qui lui plaît, c'est un cœur qui se transforme, un être humain qui grandit dans l'amour. Relisez le début du livre d'Isaïe, les versets 10 à 18 du premier chapitre. J'en extrais quelques versets: "Que me fait la multitude de vos sacrifices, dit le Seigneur... Cessez d'apporter de vaines offrandes... Vos mains sont pleines de sang... Ôtez plutôt de ma vue vos actions mauvaises. Apprenez à faire le bien, recherchez la justice... alors si vos péchés sont comme l'écarlate, ils deviendront blancs comme la neige." Il est difficile d'être plus clair. Jérémie, Amos et d'autres rediront la même chose, mais aujourd'hui encore, il est plus facile de multiplier les messes que de changer son cœur; et si on ne change pas son cœur, on a les mains pleines de sang comme le dit le prophète Isaïe. On a l'impression que Qaïn et Habel cherchent à se disputer les faveurs de Dieu, comme deux religions qui essaient de prouver que leur accès au Seigneur est le meilleur. Quand à l'Évangile, il précise qu'avant de présenter son offrande à l'autel, il faut d'abord aller se réconcilier avec son frère si celui-ci a quelque grief contre nous.

Mais alors pourquoi Dieu regarde-t-il favorablement vers les offrandes d'Habel? Gardons-nous de nous réfugier dans l'explication qu'Habel serait meilleur que Qaïn. Dieu, nous dit la Bible, fait tomber la pluie qui féconde la terre pour les justes comme pour les injustes, pour les bons comme pour les mauvais. Si Dieu regarde les offrandes d'Habel, est-ce que ce serait parce qu'elles sont reliées à la Vie et serait symbole de nos vies offertes en sacrifice d'agréable odeur? Ne poussons pas trop loin cette piste d'explication car, au livre d'Isaïe, le Seigneur dit encore: "Le sang des taureaux, des agneaux et des boucs, je n'en veux pas!" Peut-être tout simplement, le moment est venu pour Dieu de dire à Qaïn: "Tes sacrifices extérieurs, je n'en veux plus. Ça suffit, c'est le moment pour toi de te transformer", ce que confirmera le dialogue qui suit. Pourquoi Dieu n'aurait-il pas le droit d'avoir une attitude différente avec Habel, plus jeune, tenu pour rien par sa propre mère et peut-être par son frère? Un vrai père et une vraie mère savent que leurs enfants ont des rythmes de croissance différents et que l'un a besoin d'encouragements là où l'autre a au contraire besoin d'être contesté pour pouvoir grandir au-delà de son petit moi. Une Église qui aurait la même attitude envers tous, sous prétexte de ne pas faire de jaloux, pourrait-elle se dire mère? Le vrai pasteur n'est-il pas celui qui donne un soin particulier à ses brebis les plus faibles? Il y a deux stades dans la croissance d'un enfant, celui où les parents ont à mettre des barrières, et celui où ils ont à être références par rapport auxquelles l'adolescent ou le jeune adulte se bâtit.

Le nom d'Habel peut aussi se comprendre comme un appel à être, dans l'amour. Alors Dieu choisit peut-être de le laisser croître, alors que Qaïn est en danger de se laisser dominer par le monde matériel, qu'il soit production de biens ou pensées rationnelles. Il semble que le mot hébreu qui parle des agneaux offerts par Habel est au féminin. Or, en général, on consomme et on offre à Dieu les agneaux mâles car cela ne nuit pas à la croissance du troupeau. En offrant des agneaux femelles, Habel offrait à Dieu un peu de son être et non pas des biens extérieurs à lui-même.

Nous avons vu que, dans le texte, Habel est défini comme "frère", ce qui ne l'empêche pas d'être différent; et Qaïn, dans sa croissance, doit faire l'expérience de cette différence et l'accepter; non seulement l'accepter mais s'en réjouir car c'est dans la mesure où l'on est différents que l'on peut croître l'un par l'autre.

Le frère est ce vis-à-vis qui nous révèle qui nous sommes comme Ishah était là pour aider le Adam à découvrir qui il était: une aide contre lui. Les sacrifices d'Habel et de Qaïn sont normalement l'expression de leur amour pour Dieu, mais comme le remarque Saint Jean dans sa première épître: "Qui peut dire qu'il aime Dieu qu'il ne voit pas, s'il n'aime pas son frère qu'il voit?"

Qaïn et Habel cherchent à se définir par rapport à Dieu, alors qu'ils auraient sans doute d'abord à se définir par rapport au prochain, ce prochain symbolisé par le frère qui aurait dû être le premier destinataire de leur offrande. Qaïn aurait dû offrir à Habel ce qui lui manquait et réciproquement. Mais au lieu de chercher à découvrir ce dont l'autre a besoin, ils offrent à Dieu ce dont Dieu n'a pas besoin. Est-ce que cela n'est pas encore de nos jours caractéristique de beaucoup de nos attitudes religieuses, avec toutes les victimes, morts physiques ou psychiques, qui en découlent?

Qaïn n'accepte pas que son frère soit traité différemment de lui. Il est jaloux et sa jalousie se traduit en colère et en abattement. Alors Dieu intervient, non pas pour lui fournir des explications sur son attitude à lui, Dieu, vis-à-vis d'Habel, mais pour l'interroger sur sa réaction. Puis, tout de suite, il le guide vers la solution à son problème. "Si tu agis pour l'accomplissement, pour te transformer, élévation." Cette traduction de l'hébreu *Séet* par "élévation" indique l'idée de croissance, mais comment ne pas y voir aussi une référence à l'élévation du Fils de l'Homme, la crucifixion? Alors le verset prend une dimension prophétique: si tu te transformes pour réaliser en toi l'image de Dieu, autrement dit, si tu deviens fils de l'homme, alors "élévation", c'est toi qui risques de devenir la victime au lieu que ce soit Habel, c'est toi qui vas devenir frère pour lui, à l'image du Christ, et un jour tu pourras dire: "Tout est accompli!" C'était déjà le sens de l'expulsion du jardin d'Éden: que l'être humain ne se fige pas dans cet état d'inaccompli, mais qu'il croisse. Au fond, Dieu dit à Qaïn: "Si tu te transformes, ce n'est pas simplement la non-violence, c'est peut-être la croix. Mais c'est le chemin de la Vie."

"Mais si tu ne te transformes pas", continue Dieu, "alors le péché est tapi à ta porte." C'est la première fois que nous voyons apparaître dans la Bible le mot "péché". Le péché, *Hatat* en hébreu, c'est "manquer la cible". Si tu ne te transformes pas, dit Dieu, cette énergie qui t'a été donnée pour te transformer, elle va manquer son but et tu vas la retourner contre ton frère. C'est ce qui se passe au verset suivant! Qaïn ne passe pas par cette transformation, cette mort intérieure qui lui ferait changer de niveau de conscience, alors il tue. Le péché, c'est de ne pas devenir ce que l'on est appelé à être, soit parce qu'on n'évolue pas, soit parce qu'on passe à côté du but.

Comment Qaïn a-t-il tué Habel? Le texte n'est pas explicite. On y dit que Qaïn dit à Habel, parle à Habel. Qu'est-ce qu'il dit? Est-il écouté? On ne sait. Peut-être tue-t-il par la parole? La parole de Qaïn qui tue, ce peut être de révéler trop tôt à Habel que lui aussi aura à se transformer, alors qu'il en est encore à essayer d'être reconnu pour lui-même et pas seulement comme le frère de l'autre. Qaïn parle à son frère Habel et ils sont au champ qui est le territoire de Qaïn l'agriculteur, le territoire de l'agir et de l'avoir, de la production. De la même façon que bien souvent le pôle masculin emmène le pôle féminin sur son territoire masculin, celui de la raison qui tue le Féminin.

Cela rejoindrait le Sermon sur la Montagne: "Vous avez entendu qu'il a été dit: tu ne tueras pas, mais moi je vous dit: celui qui dit à son frère "imbécile" sera justiciable devant le tribunal du Sanhédrin et celui qui lui dira "fou" sera passible de la géhenne de feu." "Imbécile" et "fou", deux insultes que l'on prononce au nom de la raison, la raison qui tue aussi bien que l'acier! Au verset 10 que nous verrons bientôt, Dieu demandera: "Qu'as-tu fait, voix?" C'est bien la voix de Qaïn qui a tué. Et peut-être s'agissait-il d'une parole de bien-pensant, de quelqu'un qui croyait agir au nom de Dieu?

Qaïn dit, et parce qu'il est au niveau de l'agir, du pouvoir, de la fausse gloire, il tue celui qui est au niveau de l'être. Habel, dans le champ de Qaïn est une menace pour les valeurs que Qaïn y cultive, comme celui qui prêche le partage et la justice est une menace dans une économie de marché. Mais rien ne dit qu'Habel ait cherché à parler, à se défendre, à être vraiment un frère pour Qaïn, une aide aimante contre lui. Depuis le début de ce chapitre, nous n'avons pas rencontré la moindre trace d'amour, sauf de la part de Dieu, ni chez les parents qui enfantent, ni entre les frères.

Peut-être que l'être humain avait tout d'abord à apprendre à s'aimer soi-même? C'est ce que nous verrons un peu plus tard dans ce chapitre. Faute de savoir nous aimer nous-mêmes, n'avons-nous pas bien souvent tendance à tuer Habel en nous, Habel, celui qui appelle à être? On peut tuer Habel en nous par la parole qui rationalise, en ayant raison au niveau du langage alors que l'on tue l'inconscient, la vie intérieure et intuitive.

Avant de continuer la lecture de ce chapitre 4 de la Genèse, nous prendrons le temps de relire une autre histoire de deux frères dans la Bible, celle de Jacob et Ésaü. C'est l'histoire d'un conflit entre deux frères jumeaux que l'on trouve aussi dans le livre de la Genèse. Le récit ne peut plus être appelé seulement un mythe, car il a des fondements historiques, ce qui ne l'empêche pas d'avoir valeur symbolique. Il s'agit de Jacob et Ésaü, les deux fils d'Isaac, lui-même fils d'Abraham, et de sa femme Sarah. Le récit nous dit qu'ils se disputaient déjà dans le sein de leur mère. Ésaü sort le premier du sein maternel, mais plus tard, un jour où il se meurt de faim, Jacob lui vend un plat de lentilles en échange de son droit d'aînesse. Ésaü est le préféré de son père Isaac et Jacob est le préféré de sa mère Rebecca. Celle-ci s'arrange pour que Isaac, devenu vieux et aveugle, donne par erreur à Jacob la bénédiction qui normalement aurait dû revenir à l'aîné, Ésaü. En un sens, Ésaü se sent rejeté par Dieu comme Qaïn et d'ailleurs, les traits de caractère d'Ésaü rappellent ceux de Qaïn, alors que Jacob est une figure plus pâle comme Habel. Comme Qaïn, Ésaü cherche à tuer Jacob dont il est jaloux, mais Rebecca, leur mère, intervient pour que Jacob aille se cacher au loin chez son oncle Laban. Pourquoi, dans le récit de création, Adam ou Ève ne sont-ils pas intervenus pour protéger Habel comme le fait Rebecca pour Jacob? Puis, bien plus tard, vient le jour où les deux frères qui sont devenus riches et puissants doivent se rencontrer et Jacob, comme Habel, ne se sent pas de taille à affronter son frère. Il a peur. Mais la nuit avant la rencontre, alors que Jacob est seul près du puits de Yaboq, un homme, genre de messager divin, lutte contre lui toute la nuit. Le combat se termine par un match nul, même si Jacob restera blessé à la hanche. Par contre, c'est l'adversaire qui demandera la fin du combat avant le lever du jour. Alors il donne un nouveau nom à Jacob; celui-ci devient Israël, c'est-à-dire "fort contre Dieu". Donc ici, ce n'est pas Ésaü, le fort comme Qaïn, qui doit se transformer. C'est Jacob, le "bon" qui doit se libérer de ses peurs pour devenir Israël. L'appel à la transformation ne dépend pas de catégories morales. Le combat a lieu la nuit, signe de l'importance accordée dans la Bible à la nuit comme fondatrice de nos jours. Il y eut un soir, il y eut un matin et à l'aube, Jacob était autre, prêt à rencontrer son frère sur un pied d'égalité, ce qui mit fin au conflit entre eux. Habel le doux était-il aussi appelé à devenir Israël, fort contre Dieu, avant d'affronter son frère Qaïn dans son champ? Comment Habel a-t-il accueilli les paroles de Qaïn? Comme des paroles qui tuent ou comme des paroles qui demandaient écoute et n'ont pas été reçues, ce qui a libéré la violence? Une chose demeure certaine, c'est la nécessaire rencontre de l'être humain avec son frère pour qu'il puisse croître. Être capable de nous rencontrer nous-mêmes et de rencontrer nos frères et sœurs, c'est là sans doute le plus sûr chemin de cette liberté vers laquelle nous sommes en marche, comme des pèlerins.

Après cette parenthèse, reprenons la lecture du chapitre 4 de la Genèse après le meurtre de Habel par Qaïn. Nous en sommes au verset 9.

9   Et Yahweh dit à Qaïn: "Où est Habel ton frère? Il dit: "Je ne me savais pas le gardien de mon frère, moi!"
10 Yahweh dit: "Qu'as-tu fait, voix? Les sangs de ton frère crient vers moi depuis la terre-mère.
11 Et maintenant, maudis sois-tu, toi qui viens de la terre-mère qui a ouvert la bouche pour prendre les sangs de ton frère venant de ta main.
12 Lorsque tu travailleras la terre-mère, la Adamah, elle ne te donnera plus sa force. Instable et vacillant tu seras sur la terre extérieure."

Commentons rapidement ce que nous venons de lire.

D'abord les questions de Dieu. "Où est Habel?" "Qu'as-tu fait?" On pense à la question au Adam: "Où es-tu?" Des questions très simples qui ne jugent pas, mais nous renvoient à nous-mêmes.

"Je ne me savais pas le gardien de mon frère, moi!" Pourtant c'est la première tâche confiée par Dieu à l'humanité naissante: "Garder la Adamah, la terre-mère" et tout ce qu'elle contient; mais Qaïn est plus soucieux de lui-même: "Je ne me savais pas le gardien de mon frère, MOI!" La rupture avec le frère entraîne la rupture avec la terre-mère. La terre-mère est blessée, elle ne peut plus donner à l'être humain sa force. Instable et vacillant, il va errer sur la terre, mais ce n'est plus la Adamah, la terre-mère, c'est simplement *Erets*, le "sec". Qaïn s'est placé à l'opposé de la béatitude des doux, des non-violents, de ceux qui ont la terre en héritage, qui réalisent l'union avec la terre-mère.

"Qu'as-tu fait, voix?" On se rappelle que le Adam avait écouté la voix de son Ishah. Il y a la parole qui sauve et la parole qui trompe, le mensonge. Et le mensonge est la racine de la violence.

"Les sangs de ton frère crient vers moi." Le sang, *Dam* en hébreu, est au cœur du nom de la terre-mère, la Adamah, comme du nom du Adam. C'est la terre qui crie vers Dieu, blessée au talon. Ce sont les enfants victimes de l'embargo que nos gouvernements avaient imposé à l'Irak qui crient vers Dieu: sept cent mille Habel, des "comptés pour rien", qui crient vers Dieu. Un commentaire juif dit même: "les sangs de ton frère crient <u>sur</u> moi", sur moi, me rendant responsable avec toi, moi Dieu, de ce que tu as fait, moi l'agneau de Dieu, le Dieu solidaire de sa création et qui porte le péché du monde!

Nous reprenons le dialogue entre Qaïn et Yahweh, au verset 13.
13   *Qaïn dit à Yahweh: "Trop grande est ma souffrance à porter.*
14   *Voici, tu me chasses loin de la face de la terre-mère et loin de ta face je me cacherai;*
     je serai instable et vacillant sur la terre et quiconque me trouvera, me tuera."
15   *Et Yahweh lui dit: "<u>C'est pourquoi</u> quiconque tue Qaïn, sept fois Qaïn sera fait redressé."*
     Et Yahweh place sur Qaïn un signe afin que quiconque le trouve ne le frappe pas.
16   *Qaïn sort de devant la face de Yahweh et il s'établit sur la terre de Nod, avant l'Éden".*

Arrêtons-nous ici avant que ces paroles ne disparaissent de notre mémoire, avant que ces mots "C'est pourquoi..." ne perdent de leur force divine. Qaïn clame sa souffrance devant son sort, alors le cœur de Dieu se fend: cela ne peut pas être, <u>c'est pourquoi</u>... c'est pourquoi, même si tu es victime de la souffrance que tu as déchaînée, je te relèverai aussi souvent qu'il le faudra. Et dire qu'on s'est servi de ces textes pour nous présenter un Dieu juge et vengeur!

Qaïn s'est coupé de la communication avec Dieu. Il sort de devant la face de Yahweh, loin de la vision en vérité. Il va vers la terre de *Nod*, la terre de l'errance, avant le temps de l'Éden. Et c'est là une situation dont, malgré tous les pardons divins, il ne pourra se libérer qu'en rencontrant son frère.

Le mot hébreu *Ot*, qui désigne le signe placé sur Qaïn, évoque la croix, la croix qui protège. Nous retrouvons ce signe de la croix pour protéger les maisons des Hébreux lors de la première Pâque et aussi les justes de Yahweh au chapitre neuf du livre d'Ézéchiel. Lors de la première Pâque, la croix sur les maisons était faite avec le sang de l'agneau immolé. Rien n'empêche de penser que la croix sur Qaïn ait été faite avec le sang d'Habel, la victime devenant sauveur et signe de pardon. Responsabilité de la victime dans le pardon: "Père, pardonne-leur car ils ne savent ce qu'ils font", dira Jésus, "Seigneur, ne leur impute pas ce péché", reprendra Étienne, la première victime de la création nouvelle en Jésus-Christ.

Pour vraiment pardonner, il faut sans doute parvenir à ne pas juger. En tout cas, cela semble être la démarche de Dieu. Jésus le dit en Saint Jean au chapitre 5: "Le Père ne juge pas, il a tout remis au Fils" et le Fils, quant à lui, est venu pour sauver et non pas pour juger." Sur cette question du pardon, que nous avons tellement de peine à comprendre, tant nous avons tendance à toujours juger, je voudrais faire appel à deux textes récents qui peuvent nous aider à entrer dans ce mystère du pardon. Le premier est de Dom Christian de Chergé, prieur de la communauté Notre-Dame de l'Atlas, en Algérie, égorgé avec ses frères au printemps de 1996. Quelques mois avant sa mort, il écrivait son testament où il souhaitait que sa communauté, sa famille, son Église "sachent associer sa mort à tant d'autres aussi violentes, laissées dans l'anonymat"; il continuait: "Ma vie n'a pas plus de prix qu'une autre. Elle n'en a pas moins non plus. En tout cas, elle n'a pas l'innocence de l'enfance. J'ai suffisamment vécu pour me savoir complice du mal qui semble, hélas, prévaloir dans le monde et même de celui-là qui me frapperait aveuglément." Puis, il continue en souhaitant avant sa mort avoir le temps de pardonner de tout cœur à celui qui l'aurait atteint, son meurtrier, à qui il s'adresse à la fin de son texte en disant: "Pour toi aussi, l'ami de la dernière minute, qui n'aura pas su ce que tu faisais, oui, pour toi aussi, je veux le dire ce merci et cet "À-Dieu" envisagé de toi. Et qu'il nous soit donné de nous retrouver, larrons heureux, en paradis, s'il plaît à Dieu, notre Père à tous deux."

L'autre texte est écrit par un prêtre. Il dit: "À chaque parole entendue en confession, j'ai pu dire: "Moi aussi"... sauf une fois où j'hésitais: un homme me confiait en pleurant les détails de son crime... Je n'avais jamais tué... Pourtant tous ces amours que j'avais suscités, oubliés, abandonnés? Qui peut mesurer le sang versé des âmes qu'on a niées et trahies? Pas une seule fois je ne me suis senti moins pécheur que la personne à laquelle je devais transmettre le pardon du Christ: "Va en paix, ta foi t'a sauvé." Cette parole c'était aussi pour moi que je la disais et je n'ai jamais donné l'absolution sans la recevoir aussi pour moi-même. La miséricorde du prêtre a son secret. Il se sait plus grand pécheur que ceux qu'il confesse. C'est ce qui lui manque le plus qu'il peut le mieux donner." Il n'y a rien à comprendre à l'amour de Dieu, à son pardon. Tout ce qu'on peut faire, c'est l'accueillir.

Or en fait, ce quatrième chapitre de la Genèse que nous écoutons en ce moment, va plus loin que le simple pardon; comme les deux textes que nous venons de citer, il évoque déjà la solidarité de toute l'humanité face au mal, à tout ce qui n'est pas accompli dans la Création. Ce sera plus précisément le thème de notre prochain chapitre d'essayer, à l'aide du texte biblique, d'entrer un peu plus dans le mystère du pardon de Dieu, ce pardon dont on pourrait dire qu'il est don par dessus tout, amour que rien n'arrête. On ne peut se représenter le pardon de Dieu à partir de nos petits pardons humains, sans cesse remis en question. Il faudrait pouvoir entrer dans ces mots "C'est pourquoi" que nous venons d'entendre et qui sont amour sans condition. Le personnage de Lemek dont nous allons parler donnera une nouvelle dimension à ce pardon. Peut-être comprendrons-nous enfin que Jésus meurt non pas pour que le Père pardonne, mais parce que le Père pardonne en se faisant solidaire lui aussi de tout l'inaccompli dans le monde.

CINQUIÈME CHAPITRE

Lemek

Reprenons la lecture du chapitre 4 de la Genèse, forts de l'assurance du pardon de Dieu et entrons au verset 17, dans la description de la descendance de Qaïn et donc du Adam. On peut y voir comme autant de stade d'évolution du Adam, et donc de l'humanité. Dans la fin de ce chapitre 4, nous avons une généalogie dans la tradition yahwiste alors qu'au chapitre 5, elle sera reprise dans la tradition élohiste (elohiste ?). Donc, nous reprenons la lecture au verset 17 du chapitre 4.

17   Qaïn connaît son épouse et elle conçoit et elle enfante Hanok. Il est constructeur d'une ville
et il appelle la ville du même nom que son fils Hanok
18   Et fut né pour Hanok Iyrad; et Iyard engendra Méhouyael et Méhiyael engendra Métoushael et Métousha engendra Lemek.
19   Lemek prend deux femmes; le nom de la première Adah, le nom de la deuxième Tsilah.
20   Adah engendre Yabal, lui est père de qui établit une tente et un avoir.
21   Et le nom de son frère Youbal, lui est père de quiconque joue de la flûte et du chalumeau.
22   Et Tsilah (la seconde femme de Lemek) elle aussi enfante Toubal-Qaïn, forgeant tout ce qui est travaillé, de cuivre et de fer.
Et la sœur de Toubal-Qaïn est   Naamah.
23   Et Lemek dit à ses deux femmes: "Adah et Tsilah, écoutez ma voix. Femmes de Lemek, entendez mon dire, car j'ai tué un homme pour ma blessure
et un jeune homme pour ma guérison.
24   Car sept fois Qaïn sera ressuscité et Lemek soixante-dix-sept fois."

Arrêtons-nous d'abord à ces deux derniers versets, alors que leur beauté résonne encore à nos oreilles. Pour la première fois dans la Bible, un homme parle à une femme. Le Adam avait parlé d'Ève, il ne lui avait pas parlé à elle. Lemek parle à ses deux femmes et elles ont des noms. Deux femmes: non seulement il reconnaît le féminin, mais il le valorise. Lemek, celui dont le nom hébreu peut se lire, celui qui est capable de se regarder en face, capable du face-à-face avec son pôle féminin qui lui révèle qui il est. Que dit Lemek? "J'ai tué un homme pour ma blessure, et un jeune homme pour ma guérison." Il n'a pas été question de meurtre pour Lemek, mais parce qu'il représente l'humanité dans sa croissance et parce qu'il est capable de se regarder en face, il comprend le sens du signe de la croix sur Qaïn, source de salut. Mais en plus, il en éclate le sens à l'infini, non pas sept fois mais soixante-dix-sept fois pour tous les Lemek du monde, pour tous ceux qui sont capables de se regarder en face dans la lumière de l'amour divin. Et, bien sûr, on se rappelle cette parole de Jésus à Pierre, au sujet du pardon: "Je ne te dis pas sept fois mais soixante-dix fois sept fois", à l'image du pardon divin qui inlassablement redonne vie à la créature.

Lemek porte le péché du monde, non pas parce qu'il l'a hérité d'un lointain ancêtre mais parce qu'il est capable de se regarder en face et que, comme Jésus, il se reconnaît solidaire de tout l'inaccompli dans le monde, aussi bien du meurtre d'Abel que de la crucifixion du Christ. Ce signe de la croix sur Qaïn, Lemek en éclate le sens à l'infini. Lemek sera redressé, ou ressuscité qui est le même mot, non pas sept fois mais soixante dix-sept fois pour tous les Lemek du monde, pour tous ceux qui sont capables de se regarder en face dans la lumière de l'amour divin. Peut-être faudrait il voir le péché originel, non pas comme un fardeau imposé à l'être humain, mais plutôt comme une charge qu'il accepte pour remplir son rôle d'associé dans la Création. Accepter le péché originel dans nos vies, et la grâce originelle également, est-ce que ce ne serait pas accepter d'être le levain dans la pâte, quel que soit ce qui l'empêche de lever? Cette solidarité est un des attributs de Dieu. Dans certaines cérémonies où les Amérindiens fument le calumet, quand celui-ci a fait le tour de l'assemblée, tous les participants disent ensemble: "Nous sommes tous reliés."

Revenons sur les autres versets du texte précédent. On notera que la femme de Qaïn n'était pas nommée, simple femme biologique comme Hawah, Ève.

Suit au verset 18, une généalogie dont les noms ont quelque valeur symbolique mais nous ne nous y arrêterons pas. Peut-être sont-ils mentionnés pour que Lemek soit la septième génération après Adam, celle où l'être humain se remet debout?

Revenons aux deux femmes de Lemek. Avec Adah, Lemek retrouve les énergies que Adam avait perdues, avec Tsilah, il s'ouvre à ce qui n'est pas encore accompli en lui. Nous avons dit que le nom de Lemek signifie qu'il est capable de se regarder en face; grâce à Tsilah, il peut se regarder en face avec amour.

Les noms des enfants de Adah, Yabal et Youbal, expriment que l'humanité n'est plus coupée de Dieu et de la Joie de Dieu que symbolise le jeu de la flûte et du chalumeau. Non seulement Yabal et Youbal ne sont pas coupés de Dieu, mais ils reçoivent le nom de père; c'est la première fois dans la Bible, la ressemblance de Dieu commence à apparaître dans l'humanité

Le fils de Tsilah, la seconde femme de Lemek, s'appelle Toubal-Qaïn.

Dans ce nom on retrouve le signe qui a marqué Qaïn pour le protéger. Toubal-Qaïn est comme le signe qui réunit Habel à Qaïn. Son travail de forgeron représente le travail de transformation que Qaïn aurait dû faire au contact de son frère Habel. Et sa sœur Naamah est la première femme dont la Bible signale l'enfantement, la première sœur qui y apparaît. Son nom signifie la beauté, mais aussi la Joie que l'humanité est maintenant capable d'accueillir, de garder et même de faire naître.

Nous en avons terminé avec le personnage de Lemek, de la sixième génération après Adam, mais il nous restait encore deux versets au chapitre 4, qui, eux, nous ramènent à Adam et Ève. Nous lisons donc au verset 25:

25 *Et Adam connaît encore son épouse et elle enfante un fils et elle appelle son nom Shet,*
    car Elohîm m'a donné pour fondement une autre semence à la place d'Habel car Qaïn l'a tué.
26 *Et pour Shet lui aussi est enfanté un fils; il appelle son nom Enosh; alors il est désigné pour commencer à invoquer le nom de Yahweh.*

Le Adam, nous l'avons dit, c'est l'être humain, symbole de l'humanité qui progresse. Après les transformations accomplies entre Qaïn et Lemek, le Adam peut à nouveau engendrer avec son épouse, non pas un homme-dieu comme Qaïn, mais un fils dans sa juste relation à Dieu. Adam et Ève enfantent un fils Shet, dont le nom signifie le "fondement", le même mot qui était traduit par "principe", "origine", dans le premier verset de la Bible: "Dans le principe, Dieu crée le ciel et la terre." L'humanité peut redémarrer sur une nouvelle base. Shet est donné à la place de Habel, ce "rien" méprisé mais qui aurait pu lui aussi être "fondement", s'il avait été reconnu.

Le nom de Enosh, fils de Shet, signifie "l'homme qui se sait malade, inaccompli". Et parce qu'il se sent faible, il chante le Nom de Yahweh, il s'ouvre à la grâce, à la vie. Enosh est celui qui peut s'accomplir, parce qu'il s'accepte inaccompli.

Nous parlerons peu du cinquième chapitre de la Genèse qui décrit les dix premières générations de la descendance d'Adam par son fils Seth. Cette généalogie, qui aboutit à Noé, présenté comme fils de Lemek, nous vient de la tradition élohiste. Si on la lit en entrant dans le symbolisme des noms hébreux des descendants d'Adam et dans le symbolisme des nombres correspondant à leur âge lors de la naissance de leurs enfants et lors de leur mort, on peut y voir l'histoire de la montée en conscience de l'humanité, histoire qui reste peut-être encore à vivre. Mais il s'agit d'une lecture difficile dont nous nous dispenserons mais qui peut se découvrir dans le livre "Alliance de Feu" d'Annick de Souzenelle.

Nous mentionnerons cependant le personnage de Hanok, septième patriarche. Il est dit qu'après la naissance de son fils Métoushelah, il vit encore trois cents ans, marchant vers le Elohîm, le Dieu, jusqu'au moment où Elohîm le prend. Le texte dit de tous les autres patriarches qu'ils meurent. Pour Hanok, il n'est pas dit qu'il meurt mais que Elohîm le prend; peut-être parce que marchant vers Dieu, il est parvenu à la ressemblance.

SIXIÈME CHAPITRE

Les versets ignorés

Le chapitre 6 de la Genèse commence par quatre versets qui parlent des fils d'Elohîm qui prennent pour femmes des filles d'êtres humains. Il s'agit sans doute là d'un résidu d'un mythe de création où les auteurs bibliques ont puisé leur inspiration, car il est fréquent, dans les mythes non-bibliques, que des êtres divins ou semi-divins, s'allient avec des humains pour faire jaillir l'humanité nouvelle. Cet épisode est d'ailleurs isolé et ne se rattache à rien d'autre, ni avant ni après, dans le récit biblique; sauf qu'il mentionne que l'humanité ne suit pas la voie souhaitée par Dieu qui parle de lui retirer son Esprit. Il y a quinze ans, je n'en avais rien dit de plus mais, comme je l'ai brièvement expliqué dans le Prologue, le temps me semble venu d'en parler un peu plus. À nouveau, je rappelle que je propose ma lecture méditative de ces textes et que je ne veux en aucun cas chercher à l'imposer. Si malgré cela, il est des lecteurs ou des lectrices que je choque par mes propos, je m'excuse auprès d'eux et les invite fraternellement à écouter la voix de leur conscience et à ignorer la mienne. En outre, il n'y aucun problème à sauter ce sixième chapitre et à passer tout de suite au chapitre sept qui parle de Noé.

Voici les versets en question dans la traduction d'André Chouraqui qui cherche toujours à coller le plus possible à l'hébreu biblique:
1. Et c'est quand le glébeux (le terrien) commence à se multiplier sur les faces de la glèbe, des filles leur sont enfantées.
2. Les fils des Elohîm voient les filles du glébeux: oui, elles sont bien. Ils se prennent des femmes parmi toutes celles qu'ils ont choisies.
3. Yahweh Adonai dit: "Mon souffle ne durera pas dans le glébeux en pérennité. Dans leur égarement. il est chair: ses jours sont de cent vingt ans.
4. Les Néphilim sont sur terre en ces jours et même après:

quand les filles des Elohîm viennent vers les filles du glébeux, elles enfantent pour eux.
Ce sont les héros de la pérennité, les hommes du Nom."
En note de bas de page, Chouraqui se demande si ces fils des Elohîm sont des êtres célestes, des tribus de haute culture ou des races de géants.

Plus conservatrice, la Bible du Rabbinat Français évite le mot Elohîm qui réfère trop directement au Créateur et parle des "fils de la race divine". La TOB parle des "fils de Dieu", avec une note précisant qu'il s'agit sans doute d'êtres supérieurs aux hommes dont les païens faisaient des dieux. La Bible de Jérusalem utilise aussi la formule "fils de Dieu" avec une note évoquant une légende sur les géants en précisant que le Judaïsme postérieur y a vu des anges coupables ou la descendance de Seth. Quant à la Bible des communautés chrétiennes, elle évoque l'idée que les peuples primitifs pensaient que leurs ancêtres étaient plus forts et mieux instruits qu'eux-mêmes.

J'appelle ce passage "les versets ignorés" car en plus de quatre-vingts ans d'existence, je ne les ai jamais entendus mentionnés en Christianisme. Quand j'ai très récemment eu l'occasion de regarder dans le "Jerome Biblical Commentary", une brique d'environ neuf cents pages compactes, j'y ai simplement trouvé que les auteurs (ils sont trois) parlent d'une ancienne "légende" vaguement adaptée à la théologie de la préhistoire. Ils privilégient l'explication que l'auteur de ces lignes n'avait pas d'idée précise sur ce qu'étaient ces "fils de Dieu" (anges ou humains de la descendance de Seth) et ces "filles des hommes" (descendance de Qaïn). Pas de tentative d'explication non plus sur ce que sont ces géants ou Néphilim. Les auteurs juifs que j'ai lu n'y ont jamais fait allusion et j'avoue que je n'ai pas encore eu le courage de parcourir le Talmud ou le Midrash en quête de commentaires sur ce texte.

Comme on sait que la captivité du peuple juif à Babylone a été l'occasion pour beaucoup de textes bibliques de trouver leur forme finale ou presque définitive, on peut penser que prêtres et scribes de l'époque ont eu accès au moins à des vestiges du mythe sumérien du "dieu Enki", dont le texte gravé à l'époque sumérienne a été déchiffré récemment, en particulier par Zecharia Sitchin qui a publié un livre sur le sujet. Enki, qui vient d'une autre planète située sans doute dans la constellation de Sirius colonise la terre. Lui-même et les siens se laissent attirer par la beauté des Terriennes.

Ces êtres du Cosmos, ou "anges" qui se matérialisent un corps, nous les retrouvons dans nombre d'autres mythes, anciens ou beaucoup plus récents. À cause de la grande taille que ces êtres atteignent parfois (entre deux mètres cinquante et quatre mètres) et de leurs connaissances de toutes sortes beaucoup plus avancées que celles des humains, ils sont considérés comme des dieux. Ils ont une très grande longévité sans pour cela être nécessairement éternels. Des squelettes humains de plus de deux mètres cinquante ont été découverts, en particulier en Angleterre.

Selon le Livre d'Énoch, au chapitre 69, ce sont ces géants qui ont péché car il n'était pas dans leur nature d'avoir à se reproduire et cela a détruit leurs corps. Pour les "filles des hommes" ce n'était pas contre nature de se vouloir une descendance. Ce même Livre d'Énoch évoque au chapitre 20 la responsabilité "morale" de ces constellations dont sont issus ces "colonisateurs". Leur punition peut aller jusqu'à la destruction de certaines d'entre elles, de la même façon que d'autres mythes plus récents parlent de la destruction de l'une des trois étoiles originales de Sirius, à cause de la dégradation des mœurs de ses occupants, dont certains ont survécu à la catastrophe et seraient parmi nos anciens "colonisateurs".

J'ai pris comme exemple le mythe de Enki, peut-être parce qu'il est gravé depuis plus de cinq millénaires, ce qui lui donne plus de poids, mais j'avais aussi en tête d'autres mythes semblables, anciens ou récents, quand je méditais sur ces quatre trop courts "versets ignorés" du début du chapitre 6 de la Genèse. Divers mythes peuvent avoir la même origine et avoir été adaptés pour convenir aux croyances ou à la connaissance inconsciente de telle ou telle culture. Nous en avons donné un exemple quand nous avons parlé des origines babyloniennes du premier récit de création de la Genèse. Il faut parfois savoir lire entre les lignes, comprendre à partir de ce qui n'est pas dit ici, mais ailleurs. Comme le dit le rabbin Marc-Alain Ouaknin, ce sont les "blancs" qui donnent son sens au texte et qu'il nous faut habiter. Ces "dieux" des mythes, ce peut être des êtres du Cosmos comme nous l'avons souligné, mais ce peut être aussi ceux que la liturgie catholique pré-conciliaire désignait par "Anges et Archanges", "Trônes et Dominations", "Chérubins et Séraphins" et toute la "Milice de l'Armée céleste". Nos esprits très rationnels n'ont plus de place pour eux dans nos prières, à l'exception des Anges et de quelques rares Archanges. Dans l'immensité du Cosmos, il doit pourtant bien en subsister quelques-uns.

On peut d'ailleurs chercher à comprendre aussi à partir des autres mythes bibliques dont nous avons parlé jusqu'à maintenant, en particulier le second récit de création, l'histoire du Adam et de son Ishah. Ici ce sont les Elohîm eux-mêmes – rappelons que le mot Elohîm est un pluriel – qui trouvent comme leur image incarnée dans les filles des hommes. Rares sont les mythes où, à l'inverse, ce seraient des Elohîm féminins qui s'uniraient à des fils d'humains. Est-ce une influence de la domination patriarcale qui a commencé à s'affirmer il y a environ sept mille ans, mais dans de nombreux mythes l'être considéré comme supérieur est le partenaire de sexe masculin dans le couple? Serait-ce là la faute commise par les fils des Elohîm dans les versets ignorés? D'avoir ramené le Féminin à un rôle "matériel" au lieu de voir en lui l'image de ce que tout être est appelé à être, être Amour à l'image de son Créateur?

La Création est ordonnée à la croissance. Or il n'est pas fait mention que les Fils des Elohîm se soient souciés de faire croître leurs partenaires humaines, en particulier au niveau spirituel du développement de leur "conscience christique". Il n'est pas fait mention non plus du consentement de ces dernières. On a plutôt l'impression qu'elles ont été utilisées comme objet sexuel. Pas de mention d'une responsabilité quelconque des Fils d'Elohîm vis à vis de ce qui pourrait être créé suite à ces rencontres. Dans les mythes, cela est du ressort de la partenaire féminine, déesse ou humaine. Comme pour le Adam qui se garde bien de revendiquer pour lui-même le titre de "père de tous les vivants", comme le deviendra Abraham après une transformation intérieure. Pas de mention non plus d'une relation durable avec transmission de la connaissance par l'être le plus évolué, au rythme où l'autre partenaire devient capable de la recevoir. Le texte du Livre d'Enoch met clairement le blâme sur les Fils des Elohîm alors que de nombreux textes sacrés ou religieux auraient plutôt tendance à toujours blâmer la partenaire féminine pour les fautes à caractère sexuel. Mais on notera que les coupables sont les fils d'Elohîm, Elohîm, le Dieu à caractéristique masculine et que Celui qui juge la situation inacceptable est Yahweh, le Dieu dont nous avons souligné l'aspect féminin!

De toute façon, il ne nous appartient pas de juger. La Création progresse par cycles, avec des temps de retrait et d'ombre. L'un des messages des "versets ignorés" est peut-être que les Fils des Elohîm avaient eux aussi à faire l'expérience de l'ombre. Dans un monde où tout est relié, ce que savaient les Indiens d'Amérique et que confirme la science quantique, nos expériences, toutes les expériences sont importantes pour l'évolution – la Création – du Cosmos. Ce qui est mauvais, ce n'est pas l'ombre mais l'excès d'ombre comme d'ailleurs l'excès de Lumière. N'oublions pas que nous sommes créés pour devenir à l'image d'Elohîm.

Si ces mythes ont aussi une dimension historique, cela aura eu un effet sur l'ADN, effet bénéfique que craignait le "dieu" Enki, peu désireux de se créer des concurrents potentiels. Ce fameux "maillon manquant" dans l'apparition de la race humaine sur la terre se situerait-il là où les évolutionnistes, trop centrés sur les seuls terriens, n'ont pas encore pensé à le chercher? Bien sûr, si on passe d'une vision planétaire à une vision galactique, voire cosmique, on peut se demander s'il s'agit d'un seul maillon manquant ou de plusieurs.

Le fait que 90% de l'ADN humain soit considéré comme sans valeur par les biologistes proviendrait-il de manipulations génétiques exécutées sur les colonisés par les "colonisateurs" de notre planète, ceci afin de créer des colonisés plus soumis et physiquement plus performants? Autant de questions que ces "versets ignorés" de la Bible imposent de ne pas rejeter du revers de la main parce qu'elle ne cadrent pas avec nos habitudes de penser. Or, on a noté récemment chez de très jeunes enfants, un ADN humain plus évolué que pour la quasi totalité de la race humaine. Ce serait comme une troisième spirale, une réactivation d'une partie de cet ADN sans valeur actuelle. Mais le monde médical qui craint tout ce pour quoi il n'a pas une explication logique veille à ce que cette nouvelle ne se sache pas.

Tout à coup on voit poindre la possibilité que l'origine du mal dans notre monde ne soit pas uniquement humaine. Un coup de pioche supplémentaire dans tout l'édifice branlant bâti à partir de la notion de péché originel!

Je suis conscient que ce chapitre contient plus d'interrogations que de réponses. Si l'on porte en soi de bonnes questions, les réponses vont apparaître au moment où nous serons prêts à les accueillir. J'avais promis dans le Prologue de rester bref sur ces diverses interrogations. Ceux et celles qui souhaitent conserver le dossier ouvert sont libres de le faire. Il est de plus en plus abondant. Les autres peuvent oublier tout cela pour le moment, penser à autre chose et dormir tranquille. Pour des raisons semblables à celles évoquées pour l'ADN dont nous venons de parler, ce ne seront pas les institutions politiques, économiques ou religieuses qui viendront les réveiller, toutes occupées à cacher ce qu'elles ne comprennent pas ou ne veulent pas que nous comprenions. Ceci afin de garder un univers fermé sur lui-même dont elles essaient de ne pas perdre le contrôle. Et dire que Jésus était annoncé comme devant être signe de contradiction!

SEPTIÈME CHAPITRE

Noé

L'histoire de Noé, le dixième patriarche commence avec le chapitre 6 de la Genèse et couvre quatre chapitres. Ce récit inclut l'épisode du déluge, où alternent des paragraphes empruntés aux deux traditions, élohiste et yahwiste, dont je rappelle que leurs origines dans le temps sont séparées de plus de trois cents ans. Les commentaires qui suivent concernent principalement le récit de la tradition yahwiste. Notons tout de suite qu'il y a beaucoup de traditions humaines qui ont leurs récits d'événements comparables au déluge biblique, inspirés peut-être par des souvenirs d'inondations catastrophiques à la fin des périodes glaciaires ou lors de naufrages de continents entiers.

Le déluge est présenté comme voulu par Dieu pour éliminer l'être humain qui ne se développe pas selon le désir de Dieu, sauf Noé et sa famille dont on nomme les trois fils, Shem, Ham et Japhet. Nous venons de souligner au chapitre précédent qu'une partie de ces déviations du plan divin proviendraient peut-être d'origines extra humaines. Partout sur la terre règne la violence. Alors Noé, sur l'ordre de Dieu, construit une arche, sorte de grande caisse flottante où il pourra trouver refuge avec sa famille et avec un couple de chacun des animaux de la terre et des cieux. C'est Yahweh lui-même qui ferme le couvercle de l'arche, et la pluie tombe pendant quarante jours, submergeant toute la terre. Mais avant que les eaux baissent, que la terre sèche et que la végétation reprenne, il se passera de longs mois. D'après le récit, près d'un an se passe ainsi dans l'arche, comme la durée d'une gestation. Et en fait, ce sera pour Noé et sa famille comme une nouvelle naissance, comme un baptême, une immersion dans les eaux matricielles en vue d'une vie nouvelle.

Nous avons dit que, dans les récits de création que l'on trouve ailleurs que dans la Bible, on voit souvent le ou les créateurs reprendre leur création à zéro et on y trouve aussi des épisodes de déluge. Le déluge est comme un nouveau début de création et le texte insiste pour dire que c'est à partir des trois fils de Noé que toute la terre fut peuplée.

Plus significatif encore est le début du chapitre 9 où Elohîm répète à Noé et à ses fils ce que ce même Elohîm avait dit à l'être humain au sixième jour de la création: "Croissez et multipliez et remplissez la terre." Puis Dieu confirme la maîtrise de l'être humain sur les animaux. Mais alors qu'au sixième jour, Dieu avait donné pour nourriture à l'homme une diète végétarienne faite de l'herbe des champs et des fruits des arbres, ici c'est la chair des animaux qui remplace les fruits, la chair à l'exception du sang, car le sang c'est la vie, c'est sacré; Dieu demandera compte du sang versé aussi bien aux hommes qu'aux animaux.

Puis Dieu promet, aux animaux aussi bien qu'aux hommes, dans un pacte d'alliance solennel, qu'il n'y aura plus de déluge. Et le signe de cette alliance, c'est l'arc-en-ciel. Or qu'est-ce que l'arc-en-ciel sinon la lumière du premier jour de création qui réapparaît dans l'atmosphère saturée d'humidité après le déluge? Cette partie du récit, de tradition élohiste, est bien une reprise du récit élohiste de création, celui de la création en six jours; ce récit, nous l'avions vu, insistait sur la Vie.

Puis on retourne à nouveau au récit yahwiste qui est plus au niveau de l'être, de la qualité de la vie. Et là, on voit que le premier geste de Noé, après avoir offert un sacrifice au Seigneur, est de planter une vigne qui produira du vin, source de Joie. Noé en boira même un peu trop et tombera dans l'extase de l'ivresse après s'être dénudé. Là encore, le parallèle est frappant avec le second récit de création, lui aussi yahwiste, celui qui parle du Adam et de son aide, son Ishah, qui devient Ève. Dieu avait immédiatement placé le Adam dans le jardin d'Éden, le jardin de la Joie avec mission de la garder. Le premier geste de Noé est de rétablir avec la vigne les conditions pour la Joie et de retrouver la nudité sans honte du Adam et de son Ishah dans le jardin. Ceci se passe dans la tente, dit le texte, la tente de la rencontre avec Dieu, comme la tente de l'Arche d'Alliance dans le livre de l'Exode.

Mais, nous dit le texte, Ham, l'un des fils de Noé, ne comprend rien au mystère qui se joue et à sa signification et ce sont ses frères qui, à reculons, pour ne pas voir ce spectacle qui les dépasse, viennent couvrir leur père. Notons que dans l'Évangile de Jean, le premier signe public de Jésus est aussi de ramener la Joie quand elle risque de se perdre aux noces de Cana. Nous en reparlerons dans le prochain chapitre quand nous étudierons la création nouvelle en Jésus-Christ.

L'alliance de Yahweh avec Noé rappelle enfin celle de ce même Yahweh avec Qaïn après le meurtre d'Habel. Une alliance sans conditions, même s'il est possible que l'humanité redevienne aussi mauvaise qu'avant le déluge, même s'il est possible que tous les Qaïn que nous sommes continuent à tuer tous les Habel de la terre. Pourquoi? Parce que Dieu est Père. Comme il a réagi à la souffrance de Qaïn, il ne peut supporter les souffrances causées par un déluge. Comme il le dit par la bouche du prophète: "Comment pourrais-je t'abandonner Ephraïm ou te livrer Israël... Mon cœur se fond en moi, je suis ému au plus profond de mes entrailles. Non, je ne laisserai pas déborder ma colère, je ne détruirai pas à nouveau Ephraïm, car je suis Dieu et non pas homme." Tout au long de la Bible, Dieu dévoile ses entrailles de père. Le comprendrons-nous un jour enfin?

On peut voir, dans ce récit du déluge, une autre tentative divine pour déculpabiliser la race humaine. Non, les catastrophes naturelles ne sont pas forcément les conséquences de la méchanceté du genre humain. Le Dieu de la Bible n'est pas Celui des punitions collectives et cela est redit en maintes occasions, dont cette histoire du déluge.

Après le récit du déluge et de la sortie de l'arche, nous trouvons deux récits des généalogies de la descendance de Noé, l'un dans la tradition élohiste, l'autre dans la tradition yahwiste. La généalogie de la tradition élohiste aboutit à Térah et à son fils Abram. Elle a la particularité qu'en face de chaque nom mentionné, même s'ils sont tous masculins, il est dit qu'il engendra des fils et des filles. Seul Abram, de la dixième génération à partir de Noé, n'engendre pas car il est dit que sa femme Saraï est stérile.

Dans la tradition yahwiste, la descendance de Noé n'est pas une liste d'individus, mais des clans, des tribus, des nations, des peuples appelés à se disperser et à peupler toute la terre. C'est alors que se situe le récit de la Tour de Babel auquel nous avons déjà fait allusion. C'est là comme une première tentative de globalisation, de mondialisation dans l'uniformité. Les hommes se disent: "Bâtissons-nous une ville et une tour dont le sommet sera dans le ciel. Cela nous fera un nom et nous évitera d'être dispersés sur toute la surface de la terre." Mais le projet de Yahweh pour la création ne peut se réaliser dans l'uniformité des langues et des cultures. Nous vivons une situation semblable à la tour de Babel chaque fois qu'une culture veut dominer les autres, que ce soit la pensée européenne au dix-neuvième siècle ou la culture d'Hollywood dans un monde façonné par l'influence des médias. Je voudrais sur ce point citer l'écrivain Octavio Paz: "Ce qui fait mouvoir le monde, c'est le jeu réciproque des différences, leurs attractions et leurs répulsions. La vie est pluralité, la mort uniformité. En supprimant les différences et les particularités, en éliminant les civilisations et les cultures différentes, le progrès affaiblit la vie et favorise la mort. L'idéal d'une seule et unique civilisation pour tous, implicite dans le culte du progrès et des techniques, nous appauvrit et nous mutile. Chaque vision du monde qui s'éteint, chaque culture qui disparaît, amoindrit une possibilité de vie." Octavio Paz a parfaitement compris pourquoi Dieu intervient lors de la construction de la tour de Babel. Cet appel de Dieu à croître, à multiplier, à remplir la terre que l'on trouve dans le premier récit de création et qui, comme nous l'avons vu, est répété à Noé après la sortie de l'arche, ne peut se faire par un projet tel que celui de la tour de Babel. Il ne peut se faire non plus par bien des aspects des projets actuels de globalisation. Le mythe de la tour de Babel, comme la plupart des mythes, garde sa signification à travers les âges.

Avec ce onzième chapitre de la Genèse, nous avons terminé notre lecture des mythes bibliques de création de l'Ancien Testament. À partir du chapitre 12, avec le récit de la vie d'Abraham, le récit biblique entre dans l'histoire, même s'il reste parsemé d'éléments mythiques. Nous ne parlerons donc pas de la suite du Livre de la Genèse, même si, comme dans le Livre de l'Exode, le récit sert parfois de support à des développements à caractère mythique. C'est, par exemple, le cas du récit des dix plaies d'Égypte qui peut être lu comme un itinéraire de croissance de l'être humain pour qu'il parvienne à sa verticalité, à acquérir son autonomie, sa liberté responsable. Là encore, cette croissance suit un itinéraire parallèle à celui des Béatitudes. Cet épisode biblique se termine par la traversée de la Mer Rouge où les eaux de la mer se referment sur les Égyptiens comme les eaux du déluge sur l'humanité qui n'avait pas pris place dans l'Arche. Tous ces récits sont comme un écho à ce premier appel à l'être humain dans le premier récit de création: "Croissez". Mais Dieu ne se contente pas d'inviter l'humanité à croître. Dans les récits bibliques il indique le chemin de cette croissance jusqu'à ce qu'il vienne lui-même parcourir ce chemin en son fils Jésus et, en même temps, ouvrir d'autres horizons de croissance à l'humanité.

Donc, notre réflexion sur les récits de création ne se termine pas ici. Dans le prochain chapitre, nous aborderons le thème de la création nouvelle en Jésus-Christ, création nouvelle dont nous avons déjà senti le souffle dans les récits de l'Ancien Testament. Puis nous jetterons un rapide coup d'œil du côté des mythes non-bibliques de création qui, eux aussi, peuvent nous parler de Dieu. Enfin, en guise de conclusion, nous verrons comment ces mythes de création peuvent nous aider à redécouvrir l'image du Dieu-Père.

HUITIÈME CHAPITRE

Nouveau Testament

Jusqu'à présent, nous nous sommes mis à l'écoute des récits de création qui se trouvent dans le premier Testament et plus précisément à son début, dans la première partie du livre de la Genèse. Nous avons, à l'occasion, souligné certaines des résonances évangéliques que nous y entendions. Nous allons maintenant nous pencher plus spécialement sur certains textes évangéliques pour y découvrir la création nouvelle en Jésus-Christ. Création nouvelle, ou continuée ou renouvelée, on pourrait débattre longtemps pour savoir quel est le terme le plus approprié pour décrire l'Incarnation du Fils de Dieu. Mais ce qui est important, ce n'est pas d'en débattre, mais d'en vivre.

Pour commencer, nous allons chercher à entendre le message du prologue de Saint Jean, le début du quatrième Évangile.

1   À l'origine, il y a le Verbe, la Parole de Dieu, et le Verbe est tourné vers Dieu et le Verbe est Dieu.
2   Il est à l'origine avec Dieu.
3   Tout devient par lui; hors de lui, rien de ce qui advient ne devient.
4   En lui, la vie. La vie, c'est la lumière des hommes;
5   la lumière luit dans la ténèbre et la ténèbre ne l'a pas saisie.
6   Et il y a un homme, un envoyé de Dieu, son nom est Jean;
7   il vient pour un témoignage, pour rendre témoignage de la lumière afin que tous croient par lui.
8   Il n'est pas la lumière, mais celui qui témoigne pour la lumière.
9   La lumière, la vraie, celle qui éclaire tout homme venant dans l'univers,
10 c'est lui, le Verbe, dans l'univers, et l'univers est engendré par lui et l'univers ne le connaît pas.
11 Il vient chez les siens, mais les siens ne l'accueillent pas.

*12   À tous ceux qui le reçoivent, il donne le pouvoir de devenir enfants de Dieu,
     à ceux qui croient en son nom,*
*13   eux qui naissent non du sang, non d'une volonté de chair, non d'une volonté
     d'homme. Mais ils naissent de Dieu.*
Arrêtons-nous ici, au moins pour le moment.

Ce texte qui ouvre l'Évangile de Jean est bien en écho à celui qui ouvre le livre de la Genèse: "À l'origine", ou "Dans le principe", "À la source de tout". À l'origine de tout, il y a la Parole de Dieu. Dans le premier récit de la Genèse, il était fait mention de l'Esprit. La Parole n'était pas nommée, mais elle surgissait: "Que la lumière soit!". Jean l'évangéliste insiste: cette Parole de Dieu, ce Verbe, ce *Logos* en grec, est présent à toute création, comme, dans le récit de la Genèse, le texte répétait: "Et Dieu dit..."

Cette Parole de Dieu est porteuse de la vie et nous avons vu que le verbe "créer" était réservé à l'irruption de la vie. Et la vie est la lumière, cette lumière dont même les hommes de science modernes inclinent à penser qu'elle est à l'origine de tout ce que renferme l'univers.

Puis, le texte place l'être humain dans cette création, en la personne de Jean-Baptiste dont Jésus reconnaîtra, ailleurs dans l'Évangile, qu'il est le plus grand des enfants nés de la première création; ceux-là, il les appelle enfants des femmes, non pas par opposition aux enfants des hommes mais par opposition aux enfants de Dieu. Jean-Baptiste n'est pas la lumière, ou pas encore la lumière. L'Évangile nous le présente ailleurs comme vêtu de peaux de bête rappelant ces tuniques de peaux du jardin d'Éden, dont nous avons dit qu'elles filtrent la lumière divine. Le Christ lui, cousin de Jean, est d'une autre nature, il n'a pas une tunique de peaux mais il est la lumière de Dieu: "La lumière, la vraie, celle qui crée, c'est lui", dit le texte. Quand Dieu dit au troisième verset de la Bible: "Que la lumière soit!", c'est comme le Verbe disant: "Je Suis", c'est comme Dieu clamant son nom.

L'univers n'a pas connu le Verbe, continue le texte au verset 11. Nous retrouvons ici le verbe connaître dont nous avons abondamment parlé avec l'arbre de la connaissance. L'humanité, et d'ailleurs la création tout entière, n'a pas encore accédé à la connaissance, mais le Verbe s'incarne justement pour que nous ayons accès à la connaissance. C'est ce que révèle le verset 18 que nous n'avions pas atteint dans notre lecture: "Dieu, personne ne l'a jamais vu; le Fils unique, nous l'a fait connaître."

Puis, il y a ce verset 12 qui exprime la création nouvelle: "À tous ceux qui accueillent le Christ, la Parole de Dieu, il est donné le pouvoir de devenir enfants de Dieu." Le texte dit: "Il est donné", non pas il est redonné, et c'est le pouvoir de devenir, pas de redevenir, pouvoir de faire cet autre pas dans le processus de création, qui permet d'accéder à cette ressemblance de Dieu qui était déjà annoncée dans le premier chapitre de la Genèse. Et le verset 13 insiste qu'il s'agit d'une nouvelle naissance mais pas d'une naissance physique, ni d'une naissance psychique, ni même d'une renaissance spirituelle dont nous serions plus ou moins les auteurs. Il s'agit de se laisser engendrer par Dieu à l'image de son Fils, premier-né d'une multitude de frères et de sœurs, comme le dit la lettre de Paul aux Colossiens. Mais cet engendrement n'est pas un déclic instantané. Il se place dans le temps comme tout engendrement

Nous venons de voir comment le prologue de l'Évangile de Jean reprenait des thèmes des récits de création de la Genèse, mais en y apportant un supplément d'être, de création, de vie: le Christ donne le pouvoir de devenir enfants de Dieu. Et il donne ce pouvoir en accomplissant ce qui était à l'origine dans le désir de Dieu. À la question de toujours que Dieu pose à l'être humain: "Où es-tu?", il répond avec le psaume, comme le rappelle l'épître aux Hébreux: "Me voici, je viens pour faire ta volonté", pour être conforme à ton désir, pour accomplir en moi ta création. Et on se rappelle l'importance qu'avaient ces mots "accompli" et "pas encore accompli" dans les deux récits de création de la Genèse.

On pourrait lire les signes de cet "accomplissement" en reprenant justement, un par un, les "signes" décrits dans l'Évangile de Jean. Nous avons déjà dit que le premier signe, aux noces de Cana, était celui du rétablissement de la Joie du jardin d'Éden ou de la vigne de Noé. Puis Jésus rencontre le paralytique de Bethzetha, seul, au bord de la piscine, et à qui il manque l'aide pour s'y plonger et pouvoir se redresser. Jésus est pour lui cette aide, comme Ishah, aide qui lui permet de se remettre sur ses pieds. Comme Dieu qui se soucie, dans les deux récits de création de donner à l'être humain sa nourriture, Jésus multiplie les pains. Mais il refuse de se laisser enfermer dans ce rôle de pourvoyeur matériel et les foules le quittent en disant: "Ce langage est trop dur...", de la même façon que Qaïn refusait de se transformer quand Yahweh contestait la validité de ses offrandes.

Jésus ne vient pas redonner la vie à un aveugle qui l'aurait perdue, il ouvre à la lumière de Dieu les yeux de l'aveugle-né. Par contre, les pharisiens, comme Adam et Ève dans leurs tuniques de peaux qui ne laissent passer qu'une lumière trop terrestre, se font apostropher. "Si vous étiez aveugles, vous seriez sans péché. Vous dites: "Nous voyons, votre péché demeure", c'est-à-dire vous manquez la cible, vous prenez pour lumière divine votre vision limitée et terre-à-terre.

La résurrection de Lazare évoque ce relèvement promis à Qaïn alors que la crucifixion, élévation du Fils de l'Homme était déjà offerte à Qaïn comme alternative à sa colère, comme façon de vivre pleinement la fraternité. C'est cette expérience de la fraternité totale qui permet à Jésus de déclarer du haut de la croix: "Tout est accompli", accomplissement total du sixième jour du récit de création. D'ailleurs, le vendredi est bien le sixième jour de la semaine du calendrier juif.

Avec la sortie du tombeau au matin de Pâques, L'Arbre de Vie, qui avait été gardé par les Chérubins, redevient accessible à l'humanité tout entière et Lemek avait raison de s'écrier: "J'ai tué un homme pour ma guérison!"

Jésus sauve en étant pleinement homme, en révélant le visage de Dieu quand il se fait frère des êtres humains. Comment pourrions-nous, sans Jésus, découvrir ce que cela peut signifier pour nous de devenir à la ressemblance de Dieu? Et, en même temps, nul être humain ne peut réaliser sa dimension divine s'il n'est, comme Jésus, pleinement homme et donc solidaire de ses frères et sœurs en humanité. Jésus sauve en vivant les Béatitudes qui sont le chemin pour réaliser en nous la ressemblance de Dieu. Quand on lit le Premier Testament tout seul, un voile demeure dans notre compréhension; ce voile n'est enlevé qu'en Jésus-Christ qui vient "révéler des choses cachées depuis l'origine du monde."

Au fond, il en est de l'histoire du monde comme de la croissance d'un enfant. Au début, les parents doivent mettre des barrières, et c'est dans l'histoire de l'humanité durant le temps du Premier Testament et de la loi donnée à Moïse. Puis, les enfants accèdent à l'âge adulte et les parents deviennent des références, leur rôle de parents s'apparentant alors plus à ceux de frères ou de sœurs aînés. C'est le temps de la Nouvelle Alliance où Jésus est tout à la fois l'image du Dieu invisible et l'aîné d'une multitude de frères et de sœurs.

Or, si Jésus est l'aîné d'une telle multitude, ce n'est pas parce qu'il a fait beaucoup de prodiges, mais parce qu'il n'a pas revendiqué comme homme d'être l'égal de Dieu, qu'il s'est laissé engendrer par le Père dans l'amour. On peut dire qu'il y a en quelque sorte trois niveaux de création. Le premier où le créateur dit: "Sois comme moi." C'est celui que l'on découvre quand on dit que Dieu fait l'homme à son image. Le second niveau d'amour ou de création, c'est celui où le créateur dit: "Je veux être comme toi." C'est là où on découvre le Dieu qui se fait homme. Le troisième niveau est celui où le créateur dit: "Sois toi-même." C'est celui du don de l'Esprit du haut de la croix ou au soir de Pâques. C'est aussi celui du septième jour de la création où le Créateur se retire de son œuvre pour qu'elle soit "elle", où Dieu prend le risque de devenir ce que sa création deviendra.

Jésus n'est pas venu "de son Père apaiser le courroux", tout simplement parce qu'il n'y avait pas de courroux. Alors nous sommes en droit de nous demander où nous en sommes avec l'idée de la Rédemption, si souvent associée à l'idée de péché originel. Pour aborder cette question, demandons-nous si nous croyons que la création est "en genèse", c'est-à-dire en développement ou si elle est en entropie, c'est-à-dire en dégradation progressive. Cette dernière hypothèse correspond aux données classiques de la science où la qualité de l'énergie se dégrade à chacun de ses usages. Ceux et celles qui ramènent Dieu à une énorme masse d'énergie qui anime le monde ont misé sur une création qui va à son extinction, même s'ils sont conscients parfois qu'elle y va d'autant plus vite qu'on veut la développer davantage. Par contre, l'Évangile parle toujours du Royaume de Dieu en terme d'expansion, de croissance. Pensons à l'image du grain de sénevé qui devient un grand arbre. Donc, si, comme le dit Paul aux Romains, "la création tout entière participe à un travail d'enfantement qui dure encore", alors l'Incarnation est nécessaire pour rendre cet enfantement possible, pour que l'univers soit en genèse et non pas en régression. Dans le même chapitre de l'épître aux Romains, Paul vient de dire: "La création attend avec impatience la révélation des fils et des filles de Dieu et cette révélation est en lien avec la gloire qui doit se révéler en nous, gloire qui est sans commune mesure avec ce que nous pouvons espérer ou même imaginer."

Un Dieu qui ne serait pas Source serait un Dieu limité, fini. Les scientifiques qui ont l'esprit ouvert et ne sont pas bloqués par le "préjugé matérialiste" découvrent peu a peu cette Source à l'œuvre dans le Cosmos.

Nous avons cité le Concile de Trente pour qui la perfection du paradis terrestre est virtuelle et non réelle, impliquant que Adam devait mériter d'y parvenir et n'y est jamais parvenu. Mais en fait, ce n'est pas une question de mérite, mais de grâce. Si nous revenons à la fin du prologue de Jean, aux versets 16 et 17 que nous n'avions pas lus, nous lisons:

16 *Oui, de la plénitude du Christ, Verbe de Dieu, nous recevons tous grâce après grâce.*
17 *Par Moïse la loi nous a été donnée, mais la grâce et la vérité sont advenues par Jésus le Messie.*

Bien sûr, cette grâce, il convient de l'accueillir; ce n'est pas une question de mérite mais d'accueil.

La Rédemption est explicitée dans la fin du discours après la Cène, le chapitre 17 de Jean:

1 *Jésus leva les yeux au ciel et dit: "Père, l'heure est venue, glorifie ton fils, afin que ton fils te glorifie*
2 *et que, selon le pouvoir sur toute chair que tu lui as donné, il donne la vie éternelle à tous ceux que tu lui as donnés.*
3 *Or la vie éternelle, c'est qu'ils te connaissent toi, le seul vrai Dieu, et celui que tu as envoyé, Jésus Christ.*
4 *Je t'ai glorifié sur la terre, j'ai achevé l'œuvre que tu m'as donné à faire.*
5 *Et maintenant, Père, glorifie-moi auprès de toi de cette gloire que j'avais auprès de toi avant que fut le monde*

J'arrête ici la lecture. La Rédemption est don de la vie éternelle, qui est connaissance de Dieu et transformation à son image. La connaissance de Dieu, quant à elle, est du domaine de l'Amour. "Celui qui aime est engendré par Dieu et parvient à la connaissance de Dieu", dit Jean dans sa première épître (1Jn. 4,7). Revenant au chapitre 17 de l'Évangile, au verset 13, le texte continue. C'est toujours Jésus qui parle à son Père:

13   Maintenant je vais à toi et je dis ces paroles dans le monde pour qu'ils aient en eux ma Joie dans sa plénitude.

La Rédemption est source inépuisable de grâce, source pour nous de la Joie même de Dieu. Une fois encore, nous retrouvons le rôle essentiel de la Joie dans la création de l'être humain. Plus loin dans ce même texte, les versets 22 et 23 disent:

22   Et moi je leur ai donné la gloire que tu m'as donnée pour qu'ils soient Un comme nous sommes UN,
23   moi en eux comme toi en moi, pour qu'ils parviennent à l'unité parfaite et qu'ainsi le monde puisse connaître que c'est toi qui m'as envoyé et que tu les as aimés comme tu m'as aimé.

La rédemption est réalisation de cette unité, de cette chair UNE que l'être humain est appelé à réaliser avec son aide, son Ishah, pour être à l'image de Dieu et donc signe de son amour pour toute la création. Ce que le Christ offre à son Père, ce n'est pas une compensation pour les péchés du monde, c'est une Création achevée, accomplie.

Les récits de Création sont un itinéraire vers la Liberté. Être libre, c'est être libéré de tout ce qui nous empêche d'aimer. Ces récits, parce qu'ils sont toujours actuels, font le lien entre les deux Testaments.

NEUVIÈME CHAPITRE

Autres mythes

Ma femme Michèle, conteuse, a raconté sur les ondes quelques mythes de création non bibliques que nous résumons ici.

Femme Cuivre
Cette histoire vient de la Côte ouest du Canada

Un petit bateau, sans voile ni gouvernail, est passé par miracle entre les récifs et s'est échoué sur une île déserte. Dans le canot, douze vieilles femmes sages sont mortes: elles ont donné leur vie pour que l'enfant aux longs cheveux de cuivre et aux yeux verts vive, et transmette les secrets de la tradition à ceux qui naîtront d'elle. Ainsi ils pourront créer un monde nouveau. Restée seule sur l'île, la fille survit, elle devient femme. On l'appelle la Femme Cuivre. De ses larmes et de son mucus, elle engendre un petit homme inachevé, inaccompli, le petit morveux. Première humanité.

Il s'unira à elle et elle donnera naissance à une petite fille, Mowita. Cette île n'est pas un paradis, il faut travailler dur pour y vivre. Femme Cuivre sait qu'une seule chose lui est demandée: endurer; et elle endure le froid, la faim. Cette endurance est une qualité de femme. Elle permet de passer par la grossesse, les douleurs de l'enfantement, les nuits sans sommeil.

Dans le Royaume du Ciel, Qolus, la femme de l'Oiseau de Tonnerre, s'ennuie. Elle descendra du Ciel, elle s'incarnera dans un corps d'homme. Qolus devient le premier homme véritable, Mah Tag Yelah. D'origine divine, il a en lui la double nature Homme Femme.

Mah Tag Yelah épouse Mowita; ensemble ils ont quatre fils qui épousent les quatre sœurs de Mowita. Deuxième humanité.

Après le déluge, les quatre couples vont peupler les quatre directions de l'espace. Mah Tag Yelah redevient Qolus, elle s'envole au ciel dans les éclairs et retrouve sa première demeure.

Mowita reste seule, seule avec la connaissance incomplète que lui a transmise Femme Cuivre. Elle s'occupe des tâches ménagères. Elle s'étonne d'avoir été laissée si seule. Elle cherche des réponses dans ce qu'elle connaît.

Un jour pendant qu'elle travaille, elle lève les yeux et voit venir sa mère, mains tendues, souriante. À cette vue elle est remplie d'une joie tellement intense qu'elle se sent exploser. Toute sa vie est inondée de joie. Cette joie se met à grandir en Mowita, elle la sent vivre sous son cœur. Quelques mois plus tard, la joie est née, sous la forme de deux filles jumelles, l'une avec des yeux verts comme ceux de sa grand-mère. Son nom est si sacré que seuls les initiés le connaissent. Elle et sa sœur sont les premiers Enfants de la Joie. <u>Troisième humanité</u>.

Les Enfants de la Joie sont différents des autres, ils sont comme une très vieille âme dans un corps d'enfant. Leur visage et grave mais quand il sourit le monde s'illumine. En les regardant dans les yeux, vous savez qu'ils savent tout ce qui est important. Ce sont souvent des filles. Ils rient comme tous les enfants, ils jouent. Ils connaîtront la tristesse mais la surmonteront. Ils voient à travers l'épaisseur de la réalité. Ils savent aimer même s'ils n'ont pas été aimés et essaient de communiquer cet amour qu'ils connaissent.

Ce n'est pas à Mowita que Femme Cuivre a transmis la connaissance. C'est à sa fille, l'enfant aux yeux verts, que Femme Cuivre a transmis les secrets de la sagesse. Mowita n'était pas assez forte pour porter le mal du monde. Dans la maison sacrée des femmes, Femme Cuivre dit à l'Enfant de la Joie que la sagesse doit toujours être transmise de femme à femme. Même menacée, la sagesse ne disparaîtra pas, mais nous avons le choix de la refuser ou de l'accueillir.

Femme Cuivre lui dit qu'un temps viendrait où la sagesse serait menacée par la connaissance sans amour et qu'il faudrait alors ramer très fort à contre-courant pour que la Joie puisse survivre dans notre monde.

Avalotikeshwara
Ce mythe a son origine au Tibet, le toit du Monde

Le Bouddha céleste Opame, appelé aussi Amitabha entend monter vers lui la plainte des innombrables êtres vivants. Son cœur déborda de compassion. Les montagnes s'ouvrirent, les eaux s'écoulèrent et formèrent une île au milieu de Lhassa, sur laquelle apparût Chenrezig, le Bouddha de la compassion qu'on appelle aussi Avalotikeshwara. Il fit le vœu d'aider tous ces êtres souffrants pour les aider à réaliser l'illumination, à atteindre la réalité ultime, la paix, et ceci jusqu'à ce que le dernier être vivant soit libéré, fut-il un simple brin d'herbe

D'innombrables êtres vivaient dans le lac où il était apparu et lui demandaient un corps. Recevant des corps tous semblables, ils demandèrent des corps différents et là encore, leur désir fut exaucé par Avalotikeshwara qui leur prêcha aussi les enseignements des Bouddhas. Beaucoup purent atteindre la libération et connaître la paix. Mais le nombre d'êtres qui avaient besoin d'aide augmentait plus vite encore.

Avalotikeshwara réalisa qu'il avait entrepris une tâche impossible. Il cria son désespoir vers le Bouddha de lumière, Opame, de le délivrer de son vœu. Dans sa compassion, son corps éclata en milliers de fragments qui se répandirent dans le monde. Voyant la catastrophe, Opame rassembla les morceaux, reforma son corps, accrut son pouvoir en lui donnant dix têtes; et sur la dixième il ajouta sa propre tête de lumière. Il lui donna mille bras et dans chaque paume un œil qui voit tout.

Malgré cela, Avalotikeshwara vit que sa tâche était impossible: tant d'êtres dont le mental était voilé, confus, impur. Il pleura et d'une de ses larmes de cristal sur sa joue naquit Dolma, la Mère des vivants, pour être son aide. On l'appelle aussi Tara et c'est pourquoi, au Pays des Neiges on dit qu'il n'y a pas un être souffrant, aussi insignifiant soit-il, qui ne soit touché par la compassion d'Avalotikeshwara et de Tara.

Dans le Zohar

C'est un Juif qui m'a raconté cette histoire qui vient du Zohar, le livre de la Splendeur des Juifs. Il semble que Adam était heureux dans le jardin d'Éden avec Dieu le Père, mais celui-ci décida qu'il était temps pour son fils Adam d'aller dans le monde. Il fit un grand festin d'adieu et le poussa dehors malgré ses réticences, tout en lui permettant d'emmener un cadeau de son choix. Adam choisit un diamant énorme. Il voudrait malgré tout retourner en arrière, mais son ange gardien le pousse et le chérubin garde l'entrée. Alors il marche, marche sur les durs chemins de la terre. À un moment, le sentier passe sur un pont si étroit qu'il a le vertige et laisse échapper son gros diamant dans l'eau bouillonnante du torrent. "Ce n'est pas grave, dit l'ange, on va descendre au bord de l'eau où tu pourras le retrouver." Ensemble ils descendent au bord de l'eau où Adam s'accroupit. Tout étincelle dans l'eau, elle est pleine de rayons. "C'est lequel mon diamant?" L'ange se met à rire: "Tu crois que tu es le premier homme qui a été chassé du Paradis!"

*
*   *

Mythes divers

Quand nous cheminions en compagnie des mythes bibliques de création, nous avons parfois fait des parallèles avec des mythes non-bibliques, pour signaler des similitudes ou au contraire des différences. Et nous venons de prendre le temps d'evoquer certains de ces mythes. Venant de traditions et de cultures très diverses et souvent très éloignées géographiquement, les similitudes que l'on trouve dans les divers mythes peuvent surprendre au premier abord. Si, par contre, on reconnaît les mythes pour ce qu'ils sont, à savoir des trésors de l'inconscient collectif de l'humanité apparaissant ici et là à la surface du conscient, ces similitudes sur les sens profonds des mythes ne sont plus surprenantes; c'est leur absence qui le serait.

Comme nous l'avons déjà dit, un des points communs à beaucoup de mythes non-bibliques, c'est qu'il y a plusieurs créateurs; en général deux, mais cela peut aller jusqu'à trois et plus souvent quatre. Toutes les combinaisons sont possibles: deux dieux, un dieu et un créateur qui est un demi-dieu, un être divin et un être humain de même sexe ou de sexe différent, un père divin et son fils qui est déjà plus humain, un couple divin, des frères jumeaux, une femme et sa mère, et on pourrait continuer la liste! Parfois ce sont des animaux qui font apparaître l'être humain sur la terre.

Cette multiplicité peut surprendre nos habitudes monothéistes d'un Dieu unique créateur. Mais un lecteur étranger au Christianisme qui se pencherait sur la Bible sans être au courant des subtilités théologiques auxquelles nous sommes habitués, ne trouverait-il pas lui aussi une variété de personnages qui ont pour nom: Elohîm, Yahweh-Elohîm, Yahweh, aussi désigné par Adonaï? Mais en plus, au livre de la Genèse par exemple, on trouve aussi El Elion, le Dieu suprême, El Shadaï, le Dieu de toute confiance et même plus tard El Sabaoth, le Dieu des armées. On trouverait aussi le Père, le Verbe, le Fils et l'Esprit Saint. Donc, toutes les traditions utilisent des noms différents pour désigner tel ou tel aspect du créateur. Aux yeux des musulmans, les chrétiens apparaissent parfois comme polythéistes, à cause de leur foi en la Trinité. Dans certains récits, un personnage jouant le même rôle que le Satan dans la Bible, sera considéré comme essentiel à la création, en ce qu'il force l'être humain à évoluer, à ne pas se complaire dans son état inaccompli.

Dans certains mythes, le créateur est essentiellement féminin, avec parfois un partenaire masculin qui joue un rôle très secondaire, même quand il est d'origine divine, et c'est finalement la mère créatrice qui est à l'origine de la création réussie, et cela par la seule force de l'amour. C'était le cas dans le mythe amérindien de Femme Cuivre.

Symboliquement, chacun des créateurs joue un rôle spécifique. Par exemple, l'un créera la lumière et l'autre les ténèbres. Nous n'avons pas vu cela dans la Bible, mais nous n'avons pas pris le temps de nous demander d'où venaient ces ténèbres qui couvraient la face de l'abîme avant ce premier cri d'Elohîm: "Que la lumière soit!" Pas plus que nous ne nous sommes posé la question d'où venait cet abîme. Et ce genre de remarques illustre le type de stupidités auxquelles on risque toujours d'aboutir quand on essaie de donner une explication pleinement rationnelle à des récits mythiques dont la réalité et la vérité ne se situent pas au niveau de la raison. Ce n'est donc pas au niveau de la raison qu'il faut laisser le mythe nous rejoindre. Mais la fréquentation des mythes nourrira notre inconscient qui, à son tour, pourra nourrir notre esprit conscient dans ses diverses quêtes de sens. Et cela se fera d'autant mieux que ces mythes nous seront présentés dans leur nudité, en faisant abstraction de toutes les significations dont le cours des âges les a affublés.

À ce sujet, je voudrais m'excuser auprès de vous, lecteurs et lectrices, de tout ce qu'il y avait de personnel dans ma lecture des mythes bibliques. Comme je l'ai dit dans l'introduction, et peut-être pas assez redit depuis, il s'agissait de ma lecture de ces textes, celle qui fait sens pour moi, aujourd'hui, et nourrit ma vision de l'homme et de la femme en ce début du troisième millénaire. Chacun ou chacune de nous est invité à entrer dans ce que j'appellerai la magie du texte pour pouvoir y découvrir, au jour le jour, notre pain quotidien, la nourriture qui nous convient.

Même si les divers mythes de création peuvent être des émergences de l'inconscient collectif de l'humanité vers le niveau conscient, il n'en reste pas moins que des civilisations voisines ont pu s'influencer mutuellement. Par exemple, nous avons retrouvé dans les récits bibliques des inspirations venant des mythes babyloniens, et ceci dans la période élohiste, qui est précisément celle de la captivité du peuple hébreu à Babylone. Donc, les similarités entre deux mythes peuvent venir de l'inconscient ou d'interactions au niveau du conscient. Par exemple, dans la mythologie égyptienne, le dieu Ptah façonne l'homme à partir de la glaise comme Yahweh-Elohîm le fait dans le second récit biblique de création. Or précisément, à l'époque de la composition de ce récit, il y avait beaucoup d'Égyptiens et d'Égyptiennes à la cour de Salomon. De la même façon, en Égypte, lors des processions officielles, le Pharaon était suivi des statues de ses quatorze derniers ancêtres, signe de la continuité de l'esprit qui l'animait. Est-ce une simple coïncidence si Matthieu prend bien soin, dans sa généalogie de Jésus, de le rattacher à Abraham par trois généalogies successives contenant quatorze noms chacune? Or, nous avons vu que ce type de généalogie est fréquent dans les récits de création.

Continuons notre revue des similarités entre les mythes de création de la Bible et les mythes fondateurs des diverses civilisations et des divers peuples de la terre. Le rôle de l'ombre, de la nuit, est important dans beaucoup de mythes. La création sort de l'ombre, comme dans le premier récit biblique: il y eut un soir, il y eut un matin. Au niveau symbolique, il n'est pas toujours clair s'il s'agit de ténèbres physiques ou de la nuit de l'inconscient. Tel ce mythe des indiens Josué d'Amérique du Nord où il y a deux créateurs, Cholawasi et un compagnon que le mythe ne prend pas la peine de nommer. Cholawasi s'agite et crée. Il crée des animaux mais ne parvient pas à créer d'êtres humains. Alors son compagnon s'assied et fume pendant trois jours et au bout de trois jours, une femme apparaît. On pense à Yahweh-Elohîm ne parvenant pas à créer Ishah, une aide pour le Adam et la faisant finalement apparaître à partir du rêve-extase de l'Adam endormi.

Dans beaucoup de mythes également, la terre sort de l'eau, émerge, et l'on pense à ce troisième jour du premier récit biblique où Elohîm fait apparaître la terre, le sec du milieu des eaux d'en bas. Là encore, on est en droit de faire une lecture physique, au niveau de la matière, ou une lecture symbolique où, peu à peu, "le conscient", "l'accompli", émerge de l'inconscient, du "pas encore accompli".

Il y a un mythe chinois, intitulé "La Mort de Houan-Toun". On peut traduire Houan-Toun par "le chaos inconscient". Ce "Chaos-Inconscient" est entre la Mer du Sud et la Mer du Nord. Le maître de la Mer du Sud s'appelle Chou, ce qui signifie "insouciant". Le maître de la Mer du Nord s'appelle Hou, que l'on pourrait traduire par "hâtif", celui qui se dépêche. "Insouciant" et "Hâtif" se retrouvaient souvent dans l'espace de "Chaos-Inconscient" qui était toujours très amical à leur égard. Alors, pour le remercier, ils voulurent que "Chaos-Inconscient" ait, comme tous les humains, les sept orifices qui permettent de voir, d'entendre, de manger, de respirer. Il percèrent donc chaque jour un trou dans "Chaos-Inconscient", et le septième jour, jour du dernier trou, "Chaos-Inconscient" mourut. Voir, entendre, manger, respirer, c'est tout l'accès à la connaissance que, dans le second récit de création, Dieu se réserve de contrôler pour le bien de ses créatures, car il ne doit pas être laissé à des apprentis sorciers comme "Insouciant" et "Hâtif".

Arrêtons-nous encore sur un point commun à la plupart des mythes de création où l'on voit le Créateur créer pour toutes sortes de raisons: ennui, pulsion de vie, ou même, sans raison apparente. Mais ensuite, on n'a pas l'impression que se crée une relation entre créateur et créatures. Et c'est un peu ce que l'on trouve dans le premier récit de création de la Genèse, avec ce septième jour où "Dieu se retire de toute l'œuvre qu'il crée pour faire", comme le dit le texte. Bien sûr, on peut dire que Dieu agit ainsi pour que sa création puisse vraiment exister librement. Mais c'est déjà projeter une interprétation sur le texte. Cette interprétation vient peut-être du second récit de création qui, lui, a un suivi. Penchons-nous donc un peu sur ce qui fait la spécificité des mythes bibliques.

Il n'est pas facile de chercher à dégager la spécificité d'une croyance, d'une religion. Cela nécessiterait de connaître de l'intérieur les autres croyances, les autres religions, et pas simplement intellectuellement. Dans le cas des mythes de création, leur nombre est tellement élevé qu'on peut toujours en trouver au moins une dizaine qui démentent toute affirmation trop générale. Cette réserve étant faite, je pense qu'on peut parler des particularités suivantes des textes bibliques.

Premièrement, le texte insiste sur l'apparition de la vie et nous avons vu le lien entre la vie et l'utilisation du verbe "créer". C'est en cela qu'ils sont des mythes de création, alors que beaucoup d'autres mythes sont plutôt des mythes fondateurs, où l'apparition de la vie des êtres humains est le résultat des rapports sexuels entre des êtres pré-existants, qu'ils soient des dieux, des demi-dieux, des êtres humains ou même des animaux.

Une deuxième caractéristique des mythes bibliques vient de l'attitude du créateur. Le créateur biblique, surtout dans la tradition yahwiste, celle du deuxième récit, semble aimer sa création au moment où il crée et durant ce que l'on pourrait appeler le suivi de la création, le service après vente. Dans nombre d'autres mythes, on a l'impression que le créateur se désintéresse tout de suite de son œuvre. Précisons que cette remarque ne s'applique pas, à mon avis, à la plupart des mythes amérindiens.

Dans les textes bibliques, Dieu est en quelque sorte solidaire de sa création et cette solidarité est peut-être ce que nous désignons parfois sous le mot de "pardon". Mais je pense que le mot "solidarité" est plus caractéristique du Dieu de la Bible, de Yahweh qui dira à Moïse lors de l'épisode du buisson ardent: "Va, je serai avec toi!" Nous nous rappelons que nous avions souligné cette solidarité avec la création vécue par le personnage de Lemek, le septième homme des récits de création, qui ainsi réalisait en lui la ressemblance avec Dieu.

Donc, premièrement, jaillissement de vie; deuxièmement, solidarité de Dieu, ce qui est un autre nom pour l'amour. La troisième caractéristique, comme nous l'avons déjà remarqué, est la Joie, qui est à la base de chaque phase de la création. Or ces trois caractéristiques ne sont pas extérieures à Dieu. Le Dieu de la Bible est Vie, il est Amour, il est Joie, et la création est le reflet de l'être de Dieu.

Enfin, pour nous chrétiens, il y a l'Incarnation de Dieu en Jésus-Christ. Et là, il ne s'agit pas d'une simple opération de suivi, de service après-vente. L'Incarnation est partie intégrante de la création, elle est création nouvelle qui fait de nous des fils et des filles de Dieu, pour que tout soit accompli. Et le retrait de Dieu de sa création est dès lors inséparable du Don de l'Esprit.

Jaillissement de Vie, solidarité de Dieu, Joie, filiation et don de l'Esprit, au fond peu importe que ces cinq éléments soient spécifiques ou non du message judéo-chrétien. Plus on les retrouverait dans d'autres traditions, meilleur ce serait. Ce qui est essentiel, au niveau de notre essence, c'est qu'ils soient dans notre héritage, que nous sachions les y découvrir et surtout, en vivre.

Ce qui est important aussi, c'est de savoir nous ouvrir aux messages d'autres cultures. Nous voyons depuis quelques années se développer un nouvel intérêt pour les mythes et les contes. Bien sûr, il y a encore beaucoup de gens qui pensent que les contes sont des histoires pour les enfants. Mais beaucoup de vieux contes sont porteurs d'un enseignement de sagesse que rien, jusqu'à ce jour, n'a remplacé dans notre monde. Beaucoup de ces mythes, comme nous l'avons déjà dit, semblent avoir une origine commune qui serait sans doute l'inconscient collectif de l'humanité. Les mythes d'autres cultures nous permettent parfois de mieux comprendre notre propre tradition. Parmi ceux que nous avons résumés plus haut, on avait par exemple les messages suivants:

-Le fait que seul l'amour peut donner une création accomplie et engendrer la Joie.

-L'amour de Dieu pour l'humanité, un amour à en mourir.
-La nécessité d'être confronté au doute, à l'épreuve, pour pouvoir croître.
Ce sont des thèmes qui dépassent à tel point la simple raison humaine qu'il faut se les faire rappeler aussi souvent que possible.

D'autres mythes nous invitent à changer notre regard et j'en ai traduit certains dans mes livres à partir de la tradition amérindienne. Changer notre regard pour entrer dans cette folie de Dieu dont parle la Bible. Saint Paul est très clair là-dessus: la sagesse des hommes est folie pour Dieu; la sagesse de Dieu est folie aux yeux des hommes. Mythes et contes peuvent aider à entrer dans cette folie de l'amour de Dieu. L'écoute des récits d'autres cultures m'a ouvert l'esprit et le cœur à la compréhension de certains passages de la Bible. Même dans la Bible, la tradition juive est riche de sagesse et d'enseignements qui nous aident à mieux pénétrer dans le mystère de Dieu et dans le mystère du Christ pour pouvoir peu à peu nous transformer à son image.

À partir du prochain chapitre, nous nous concentrerons principalement sur la figure du Dieu Père. Mais nous prendrons finalement le temps de jeter un coup d'œil à ce que le Livre de l'Apocalypse, le dernier des livres de la Bible nous dit de l'accomplissement de la Création, quand Dieu sera tout en tous.

DIXIÈME CHAPITRE

Le Dieu-Père, Source de Vie

Nous prenons maintenant le temps de nous interroger sur la figure du Dieu-Père qui ressort de ces récits bibliques de création. Nous nous interrogions précédemment sur la spécificité des récits bibliques de création et nous disions qu'ils nous présentaient un créateur source de Vie, solidaire de sa création parce qu'il l'aime d'un amour qui engendre, un créateur source de Joie et de l'Esprit. Or, nous savons que c'est ce don de l'Esprit qui fait de nous des fils et des filles de Dieu. Il y a déjà là à peu près tous les éléments pour faire un bon Père.

Le mot pardon n'a pas été prononcé dans cette liste et pourtant pour beaucoup de chrétiens, l'image du Dieu-Père est principalement associée à l'idée de pardon, même si ce n'est pas cette image qui vient naturellement à l'esprit quand on parle de paternité humaine. L'idée que nous nous faisons du pardon divin est souvent influencée par l'image d'un Dieu qui juge, et, comme nous l'avons souligné, il n'y a pas trace de jugement de la part de Dieu dans les récits de création. Pas plus qu'il n'y a de jugement dans l'attitude du père de l'enfant prodigue. Reprenez la parabole, elle est au chapitre 15 de l'Évangile de Luc. Il n'y a pas un mot qui dise que le père soit offensé par la conduite de son jeune fils. Le texte dit: "Et le père fit le partage de son bien." Le père du prodigue, c'est celui qui, de loin, le voit revenir et court vers lui, non pas pour lui redonner sa qualité de fils, mais pour la lui confirmer. Mais le père du prodigue, c'est aussi celui qui sort aussi pour aller rencontrer le frère aîné qui refuse d'entrer. Au fond, c'est ce frère aîné qui n'est pas encore entré dans sa qualité de fils et qui reste dans une attitude de serviteur. Il n'a pas encore compris que tout ce qui est à son père est également à lui. Or, c'est peut-être là la raison de la création. Dieu veut que tout ce qui est à lui soit aussi à ses créatures. La volonté du Père, le désir du Père est accomplie quand le fils refuse l'esclavage et devient fils. Et cela est en rapport avec la Joie. La parabole du Fils prodigue ne parle pas de pardon mais de Joie. Le Père est celui qui est source de joie, parce qu'il est la Joie. Et devenir "fils", c'est laisser s'épanouir en nous la Joie du Père.

Dans le récit de création, c'est la même chose qui se passe. Dieu va au-devant du Adam et de son Ishah qui se cachent: "Où es-tu?", pourquoi te caches-tu là où mon regard d'amour ne peut t'atteindre? "Qui t'a dit que tu étais nu?", pourquoi crois-tu celui qui divise plutôt que celui dont l'amour unit?

Dieu va vers Qaïn aussi qui, comme l'aîné du prodigue, refuse son frère. Dieu invite Qaïn à se transformer. Le Père, dans les récits de création, n'est pas d'abord celui qui pardonne, mais bien plutôt celui qui cherche à faire grandir. Si Dieu voulait à tout prix qu'il n'y ait pas de drame dans sa création, il lui était facile de ne pas mettre l'arbre de la connaissance dans le Jardin d'Éden. Il lui était facile d'accepter les sacrifices de Qaïn comme ceux d'Habel. Au fond, ce qui est à l'origine des drames que l'on trouve dans les récits de création, ce n'est pas la liberté donnée à l'être humain, c'est l'appel à croître que Dieu lui adresse. Et croître, cela veut dire ne pas accéder à la connaissance sans, en même temps, se transformer par l'amour. Croître, cela veut dire accepter de rencontrer son frère et de se laisser questionner par ce qu'il est, pour en même temps découvrir qui nous sommes et qui nous sommes appelés à être.

Dieu n'est pas offensé, IL EST. Et parce qu'il est, infiniment, il est solidaire de sa création, dans son péché et ses efforts pour croître. C'est nous qui nous laissons offenser au niveau de notre petit moi, et nous projetons sur Dieu notre amour-propre blessé. Dieu n'a pas d'amour-propre, il est amour et comme le dit Paul aux Corinthiens: "L'amour excuse tout, croit tout, espère tout, endure tout."

J'ai déjà suggéré, il y a quelques années, dans mon livre *"Le Baptême par le Feu"*, que le sacrement du pardon devrait s'appeler sacrement de la Lumière. Les récits de création viennent confirmer cette intuition: "Où es-tu?", "Où en es-tu?", "Qu'as-tu fait?", autant d'appels à accueillir la Lumière, à accueillir ce premier geste d'amour divin au premier jour de la création, comme au premier jour de la semaine, au matin de Pâques: "Que la lumière soit!"

Avant de clore cette parenthèse au sujet du pardon du Père, je voudrais évoquer ce tableau de Rembrandt où l'on voit un père accueillir dans ses bras le fils prodigue qui est de retour. Rembrandt a peint l'une des mains de ce père comme une main d'homme, et l'autre comme une main de femme. Cela nous amène à parler de cet aspect féminin, maternel, du Créateur, du Père.

Ni dans les mythes de création, pas plus d'ailleurs que dans le prologue de Jean, cet autre récit de création, on n'utilise le mot Père pour parler de Dieu. Le mot "père" n'apparaît dans la Bible qu'à la fin du chapitre 4 de la Genèse; il qualifie alors les enfants de Lemek, ce Lemek dont nous avons vu que lui-même semblait avoir su retrouver dans sa vie la place qui revient au féminin de l'être. S'il peut paraître logique de donner à

Elohîm le nom de Père, on pourrait tout aussi bien donner à Yahweh le nom de Mère, car le comportement de Yahweh est plus caractéristique de la nature féminine. D'ailleurs, n'est-ce pas Yahweh qui parle par la bouche du prophète Isaïe quand il dit: "Je suis longtemps resté inactif, je ne disais rien, je me contenais, comme une femme en travail, je gémis, je suffoque et je suis tout oppressé à la fois." On aurait envie de mettre le texte au féminin, d'entendre Dieu dire: je suis longtemps restée inactive... je suis oppressée. Dans la tradition juive, la présence de Dieu au cœur du monde, c'est la *Shekinah*, aspect féminin de Dieu. Le Dieu qui a créé, dont la Parole est écrite, c'est l'aspect masculin de Dieu; le Dieu qui "est", qui "est" au cœur du monde, c'est l'aspect féminin de Dieu, et le Dieu-Père est tout à la fois masculin et féminin. Il est le Dieu qui crée et dont l'Esprit continue à être source de Vie au cœur du monde.

En donnant au Adam cette aide que Dieu ne peut créer, Dieu donne une part de lui-même. Rappelons que presque toujours, dans la Bible, le mot *Ézer* traduit par "aide" est utilisé en parlant de Dieu. Et l'on voit Adam reconnaître cette aide comme son Ishah, son pôle féminin. Les récits de création ne nous présentent pas un Dieu masculin. On peut parfaitement relire le second récit en imaginant que Yahweh est un nom féminin; aucune contradiction n'apparaît. Or justement, le Dieu du second récit de création, du récit de notre création, ce n'est ni Yahweh ni Elohîm, mais Yahweh-Elohîm, le Dieu Mère-Père si l'on peut dire.

Le Dieu Mère-Père des récits de création, c'est celui qui s'efface pour que son enfant puisse croître, comme le père ou la mère qui tiendra de moins en moins son enfant qui s'essaye à faire ses premiers pas... et qui recommencera quelques années plus tard pour les premiers tours à bicyclette. Bien sûr, il en résultera quelques chutes, mais c'est la loi de la croissance.

Le Dieu Mère-Père est celui qui accompagne ceux qui sont sortis du nid chaud du giron maternel, du jardin d'Éden, parce que c'est la loi de la Vie. Dès que Qaïn tombe, le Dieu Mère-Père est là pour l'aider à se relever, et s'il le faut soixante-dix fois, autrement dit toujours. Quand Moïse, écrasé par le poids de la responsabilité de conduire le peuple de Dieu, crie vers le Seigneur: "Est-ce moi qui ai conçu tout ce peuple? moi qui l'ai mis au monde? pour que tu me dises:"porte-le sur ton cœur comme une nourrice son petit enfant." Dieu répond: Il dit à Moïse de choisir soixante-dix hommes, des anciens du peuple et fait reposer sur chacun de ces soixante-dix, une partie de l'Esprit qu'il avait mis sur Moïse. Soixante-dix, un nombre qui évoque déjà la multitude de ceux qui peuvent espérer le don de l'Esprit qui vient du Dieu Mère-Père. Sur les soixante-dix anciens, deux n'étaient pas avec les autres quand l'Esprit était venu sur eux, mais ils se mirent quand même à prophétiser. Moïse averti s'écria: "Ah, si seulement tout le peuple du Seigneur pouvait devenir un peuple de prophètes!"

Dieu est Mère-Père d'un peuple de prophètes. C'est pour cela que Paul parle aux Éphésiens du Dieu qui est Père au-dessus de tous, <u>par</u> tous et en tous. Par l'Esprit qu'il met en nous, Dieu veut exercer sa maternité-paternité par nous. Si Dieu se retire au septième jour, c'est qu'il fait le choix d'exercer sa maternité-paternité par nous, dans l'Esprit. Comment cela peut-il se faire? Au cours de notre démarche nous avons à plusieurs occasions souligné la solidarité de Dieu avec sa création, telle qu'elle ressortait des textes que nous étudiions. Et nous avons aussi remarqué que le verbe "créer", *bara* en hébreu, est formé à partir de la racine *bar* qui signifie "le fils". Être créateur et Père, c'est tout un. Or justement, il se trouve que sans conscience profonde de cette filiation, nous risquons de ne pas écouter l'homme le plus déchu, celui qui est le plus difficile à rencontrer, à comprendre et à aimer comme un frère. Sans méditation sur le Christ pauvre et calomnié, humilié et déchu, mais en même temps, premier-né d'une multitude de frères, nous n'attendons rien de l'homme déchu, abîmé. Nous parlons à sa place, nous considérons ses expériences et sa pensée sans valeur, et nous bâtissons un monde où précisément il n'aura pas sa place.

Sans en être conscient, si nous ne rencontrons pas notre frère, nous errons comme Qaïn sur la terre de Nod, la terre de l'errance, coupé de la vraie Joie. C'est de la Joie même de Dieu que nous sommes tous et toutes invités à nous réjouir. Un fils ou une fille, c'est celui ou celle qui se nourrit de la Joie de son Père.

Retrouver le Père comme source de notre être pour pouvoir ensuite aller vers lui, cela me semble être la voie que Jésus a prise pendant sa vie terrestre. Rappelons-nous ce début du chapitre 13 de l'Évangile de Jean qui introduit le récit où Jésus lave les pieds de ses disciples. Jean écrit: "Jésus, sachant... qu'il était venu du Père et qu'il retournait vers le Père... se mit à laver les pieds de ses disciples." Si nous cherchions à retourner vers le Père, sans d'abord le redécouvrir comme source de notre être, nous risquerions d'aller vers Lui sans avoir fait l'effort de rencontrer nos frères et nos sœurs. Or, cette rencontre du frère est un des épisodes essentiels et indispensables des récits de création avec l'histoire de Qaïn et Habel. On n'en fait pas l'économie.

Au livre du prophète Jérémie, Dieu, parlant par la bouche du prophète, dit: "Ils m'ont abandonné, moi, la source d'eau vive, et se sont construit des citernes fissurées qui ne retiennent pas l'eau." Retrouver le Père comme source, c'est déjà entrer un peu dans le mystère de la Trinité. Le Père est source du Fils, il est source de l'Esprit. Mais redécouvrir le Père comme source, c'est tout autant pénétrer dans le mystère de nous-mêmes. Le Père est source de vie. Il est source d'amour. Il est source de Joie et de pardon. À bien y regarder, on peut se demander s'il n'y a pas une époque de notre histoire où nous nous sommes détachés de la source d'eau vive, pour trouver notre sécurité dans des citernes cimentées par la peur. Peur de Dieu ou peur de l'enfer, c'est la même peur. Sachons reconnaître que les joints des citernes ont craqué, qu'elles ne retiennent plus ni les chrétiens, ni l'eau censée leur donner la vie. Alors retrouvons celui qui est la Source de la Vie, le Père. C'est là le chemin d'une vie nouvelle.

Nous avons assez insisté, en étudiant le premier récit de création, sur le lien qui existe, dans le texte biblique, entre le verbe créer et l'apparition de la vie. Nous ne nous y attarderons pas davantage: le créateur est celui qui est source de vie. Par contre, il n'est peut-être pas inutile de revenir sur cette première parole de Dieu adressée à sa création: "Croissez". Tant que nous entendons ce mot en pensant à une création déjà complètement accomplie, cet appel à croître ne correspond pas à grand chose; au point que certaines éditions de la Bible traduisent par "Soyez féconds", ce qui peut se comprendre comme une croissance en nombre, en quantité, faisant double emploi avec le mot suivant du récit: "Multipliez". Mais le sens du mot hébreu *Pérou* est bien "grandir", "aller vers la totalité de soi-même". N'est-ce pas là le souhait que formule en son cœur chaque père ou chaque mère devant son enfant nouveau-né: "Grandis, réalise en croissant ce que tu es appelé à être." Et ce souhait est, en même temps, comme un engagement à accompagner l'enfant, puis l'adolescent et le jeune adulte dans sa croissance. C'est encore l'appel de Dieu à Qaïn: "N'est-ce pas que si tu te transformes, si tu grandis, alors élévation." Si un enfant grandit et s'épanouit pleinement, ce n'est pas pour que ses parents l'aiment, mais bien plutôt parce que ses parents l'aiment. De la même façon, cet appel de Dieu à croître, à faire de "l'accompli", qui est un autre nom pour "le bien", ce n'est pas pour que nous soyons sauvés, mais parce que nous sommes sauvés, parce que, en Jésus, nous avons reçu ce pouvoir de devenir enfants de Dieu; parce que cet ADN divin ne doit pas être gaspillé.

D'autres textes du Premier Testament évoquent l'image du Dieu-Père, et c'est en général dans un contexte de création. Par exemple, en Isaïe (64,7): "Pourtant, Yahweh, tu es notre Père, nous sommes l'argile que tu façonnes, nous sommes tous l'œuvre de tes mains." Ou, dans le livre du prophète Malachie: "Pourtant, nous avons tous un Père unique, c'est un seul Dieu qui nous a créés." Il est remarquable que ces deux textes commencent par "Pourtant". Ils se situent dans un contexte où le peuple de Dieu semble ne plus entendre cet appel à croître. C'est alors que les prophètes, comme en dernier recours, rappellent au peuple que Dieu est Père.

Dans le Nouveau Testament, Paul parle du "Dieu et Père de Notre Seigneur Jésus Christ, de qui nous tenons la vie, la croissance et l'être." Le Père est source de vie, de croissance et d'être.

Nous aurons l'occasion, dans les chapitres qui suivent, de parler du Père source d'amour, source de joie, source de pardon. Mais quand nous chercherons ensemble à goûter la tendresse du Père et sa Joie, il ne faudra pas oublier cet appel à croître qui est premier dans le désir de Dieu, tellement premier qu'il est répété à Noé et à sa descendance à la sortie de l'arche. Appel à croître, non pas dans l'uniformité mais dans la diversité; rappelons le mythe de Babel.

Nous reviendrons sur les diverses étapes de cette croissance à laquelle nous sommes appelés. Mentionnons simplement, aujourd'hui, toutes ces femmes du Premier Testament qui sont stériles dans leur jeunesse et qui finalement engendrent durant leur âge mûr ou même leur vieillesse; comme si le patriarche, le juge ou le prophète à qui elles finissent par donner naissance avait besoin d'être engendré, pas seulement à un niveau biologique; comme si la soif d'enfant de leur mère devait leur communiquer la soif de Dieu. Et l'on pourrait citer parmi ces femmes, Sarah, la femme d'Abraham, Rachel, la femme de Jacob, Anne, la mère du prophète Samuel, également la mère de Samson, avant de finir avec Élisabeth, la mère de Jean-Baptiste.

Il est peut-être temps d'introduire une nouvelle nuance dans notre vision du Père: Dieu est notre Père parce qu'il est le Père de Jésus-Christ; et ceci de toute éternité. Un homme devient père, une femme devient mère; Dieu est Père. Les auteurs du Nouveau Testament, que ce soit Pierre, Paul ou Jean parlent du "Père de Jésus-Christ". Par exemple, cette hymne que récitaient les premiers Chrétiens, et que l'on trouve dans la lettre aux Éphésiens, précise que "Dieu, le Père de Notre Seigneur Jésus-Christ, nous a choisis dans le Christ, avant que le monde soit créé, pour être consacrés, en face de Lui, dans l'amour."

Certaines formulations chrétiennes parlent des êtres humains comme "des fils ou des filles adoptifs de Dieu". Mais il semble plus exact de dire que nous sommes fils et filles de Dieu par création, alors que Jésus, lui, l'est de toute éternité. Un père adoptif, au sens où nous l'entendons de nos jours, peut être source de beaucoup d'amour; il n'est pas source de vie. Dieu est pour nous source de vie, et cela en Jésus, dès avant la création du monde. Être adopté, ce n'est pas être fils, c'est simplement être traité comme tel. Le prologue de Jean, parlant de ceux qui accueillent le Verbe de Dieu, dit: "Ils sont nés de Dieu." Et Paul dit aux Chrétiens de Rome: "L'Esprit Saint affirme à notre esprit que nous sommes fils et filles de Dieu." Ce Dieu, le Nouveau Testament nous le présente comme celui qui a ressuscité Jésus d'entre les morts. Dans les Actes des Apôtres, Paul le déclare aux Juifs d'Antioche: "Nous vous annonçons cette bonne nouvelle: la promesse faite à vos pères, Dieu l'a pleinement accomplie en notre faveur à nous, leurs enfants, en ressuscitant Jésus, comme il est dit au Psaume 2: "Tu es mon fils, c'est moi qui t'engendre aujourd'hui."

Le Père est source de vie tout au long de l'histoire du monde, mais c'est dans la Résurrection de Jésus qu'il manifeste sa toute puissance de Père. On entend parfois dire: "Si Dieu est Père, comment laisse-t-il arriver toutes les atrocités et les catastrophes qui se produisent dans le monde? Ou alors, s'il est Père, il n'est pas tout-puissant!" La puissance du Père s'exprime dans la façon dont il accompagne ses créatures dans leur croissance. Les vrais miracles se produisent chaque fois qu'un être humain change son cœur de pierre pour un cœur de chair. La toute-puissance du Père s'exprime dans la résurrection, celle de Jésus et la nôtre. Être sauvé de la mort, ce n'est pas ne pas mourir, c'est ressusciter. C'est sans doute ce qui fait dire à Félix Leclerc: "C'est grand la mort, c'est plein de vie dedans."

Il nous reste à voir plus en détail comment le Père accompagne sa création dans sa croissance. Nous nous rappelons sans doute que cet appel de Dieu au Adam, "Croissez", se trouvait dans le premier récit de création, celui qui désigne Dieu en l'appelant Elohîm. Mais ce récit n'est d'aucune aide pour découvrir comment croître; le Créateur, ayant terminé son ouvrage, allait se reposer. C'est alors que commençait le second récit de création où Yahweh-Elohîm essayait de faire franchir à l'humanité naissante, certaines des étapes de sa croissance. Tout d'abord, Dieu créait la Joie, symbolisée par le Jardin d'Éden, la Joie qui semble être le terreau nécessaire à la croissance de l'être humain. Nous reviendrons encore sur cet aspect du Père qui est d'être Source de Joie.

Puis Yahweh-Elohîm donne au Adam, c'est-à-dire à l'être humain mâle ou femelle, cette aide contre lui, cette *Ishah* qui doit l'aider à réaliser son potentiel de fils ou de fille de Dieu. Le Adam accueille cette aide comme son chemin, nous dit le texte. *Ishah*, cette aide, est le vis-à-vis qui doit rappeler à l'être humain, à temps et à contretemps, qui il est. C'est elle qui est en quelque sorte le dépositaire de l'ADN divin de l'humanité. La première étape de la croissance de l'être humain est de devenir lui-même, au-delà du rôle que les civilisations et les cultures, parfois même les religions, cherchent à lui faire jouer. Cette aide devrait être pour l'être humain une protection contre les mirages de la connaissance extérieure, un chemin, un appel à descendre dans les profondeurs de son être pour y découvrir son vrai moi, créé à l'image du Père. Cette étape de la croissance de l'être humain, où Dieu l'accompagne d'abord, correspond aux trois premières béatitudes; la première, celle qui valorise celui qui n'a pas de possessions extérieures; la seconde qui valorise celui qui ose croire en ses intuitions, à ce que lui dit son être profond, même si cela est en opposition avec la sagesse officielle telle que diffusée par les média ou la pensée commune. La troisième béatitude enfin valorise les doux, les non-violents, ceux qui ne recherchent pas le pouvoir, qu'il soit politique, économique ou religieux, mais croient à la force de Dieu en eux pour s'opposer aux puissants. Il convient de prendre note que les bibles catholiques intervertissent les béatitudes 2 et 3.

Ces trois béatitudes sont en opposition exacte aux trois tentations du Christ au désert qui portaient sur son attitude face à l'avoir, à la fausse gloire ou gloire extérieure, et enfin face à la recherche du pouvoir. Nous avons vu que le Adam et son *Ishah*, représentatifs de l'humanité de tous les temps, butent sur ce premier obstacle. C'est au stade de la création nouvelle en Jésus-Christ que l'humanité peut vraiment découvrir en Jésus ce qu'elle est appelée à être et croire en elle-même. Cette première étape du développement de l'humanité est à l'image du petit enfant qui pour grandir a d'abord à croire en lui-même, à développer la confiance en soi. Mais cette étape nécessaire contient le risque d'aboutir à l'égoïsme ou tout autre forme d'individualisme. C'est pourquoi l'étape suivante du Père-créateur, dans son accompagnement de la croissance des êtres humains, est de les amener à rencontrer leurs frères. C'est là toute l'histoire de Qaïn et Habel.

De fait, cela ne rime à rien d'appeler Dieu, "Père", si nous ne sommes pas prêts à être frères ou sœurs les uns pour les autres. Mais c'est en Jésus que nous sommes frères et sœurs les uns des autres, comme c'est en lui que nous sommes fils et filles de Dieu.

Le rôle du Christ dans la création est absolument essentiel. Une certaine catéchèse, dont nous avons déjà souligné qu'elle n'était pas en accord avec la vraie tradition du Christianisme, nous a longtemps présenté un schéma linéaire de notre histoire, avec une création prétendument parfaite, une chute et une rédemption. Comme nous l'avons déjà dit, à cela il convient d'opposer une histoire du salut qui est création, révélation, incarnation, résurrection; une histoire dont le Fils n'est pas un acteur tardif qui accepte à point donné de mourir pour que le Père arrive à pardonner, au sens très restrictif que nous donnons au verbe pardonner.

Le Fils est présent tout au long de cette histoire de salut qui est création. Rappelons ces versets du début de l'Évangile de Jean que nous avons cités au chapitre 8; parlant de Jésus, Verbe de Dieu, Jean dit: "Le Verbe est à l'origine avec Dieu. Tout devient par lui. Hors de lui, rien de ce qui advient ne devient. En lui la Vie... et l'univers est engendré par lui." C'est par le Fils et dans l'Esprit que le Père crée le monde, qu'il est source de tout ce qui fait croître l'univers avec tout ce qu'il contient.

Être Créateur et Père, c'est tout un. C'est dans la relation du Père à son Fils que le monde est créé. Et ne nous y trompons pas, c'est dans cette même relation du Père à son fils Jésus que nous sommes fils et filles de Dieu.

Nous avons cité ces versets de la lettre aux Éphésiens qui reflètent la tradition de la primitive Église et qui disent: "Avant que le monde fut créé, Dieu nous a choisis dans le Christ..." et tout de suite après: "Dieu nous a prédestinés pour lui à une filiation par Jésus le Messie." Si nous passons à cette autre hymne primitive qui est dans la lettre aux Colossiens, nous entendons l'apôtre nous dire: "Le Fils est l'image du Dieu invisible, premier-né de toute créature, car en lui tout a été créé, dans les cieux et sur la terre." Et un peu plus loin: "Il est l'origine, le premier-né d'entre les morts afin d'être en tout le premier, car il a plu à Dieu de faire habiter en lui toute la plénitude." Donc, Jésus est l'image du Père, mais il est aussi le premier-né d'une multitude de frères et de sœurs et le modèle de notre relation filiale au Père. En lui, Jésus, est la Vie, cette vie nouvelle vers laquelle nous nous efforçons de marcher; mais c'est en étant fils ou filles à l'image de Jésus que nous pouvons accueillir cette vie nouvelle. "Premier-né d'entre les morts", précise la lettre aux Colossiens que nous venons de lire. C'est dans la résurrection de Jésus que nous sommes vraiment fils et filles du Père. La vie que le Père veut nous donner n'est pas seulement une simple vie biologique issue d'une quelconque évolution de la création, mais c'est notre vie de ressuscités, celle qui nous est donnée dans la

Résurrection de Jésus et par la Résurrection de Jésus, une vie plus forte que la mort. "Heureux ceux qui croient à la Résurrection, ils sont déjà ressuscités." Croire à la Résurrection, c'est être capable de croître même à travers la mort, c'est peut-être devenir capable que notre mort aussi soit source de vie. C'est être capable de ne pas laisser prendre sa vie, fut-ce par la maladie, mais de la donner: "Si nous mourrons avec lui, avec lui nous vivrons..." et nous serons source de vie. Être fils ou fille, c'est être capable de dire comme Jésus: "Ma vie nul ne la prend mais c'est moi qui la donne" ou comme François d'Assise: "Béni sois-tu, Père, pour notre sœur la mort corporelle."

Nous venons de dire que le Père accompagne l'être humain dans sa croissance en l'encourageant à se connaître lui-même et à grandir dans la ligne des trois premières béatitudes. Puis il l'invite à accueillir son frère, ou sa sœur, dans sa différence. C'est le sens de la rencontre de Qaïn et Habel au chapitre 4 de la Genèse. Nous rappelons que Habel apparaissait en quelque sorte dans le récit pour que Qaïn ait un frère à rencontrer. Et nous avons vu que ce qui était voulu par Dieu comme un appel à grandir se terminait en fait par un meurtre. Mais l'appel à grandir en rencontrant son frère demeure et c'est lui que l'on retrouve dans la suite des Béatitudes. La béatitude des assoiffés de Justice est un appel à ne pas s'orienter vers l'égoïsme après que l'on se soit bâti au niveau psychique. Puis cet appel à la Justice devient amour, tendresse, avec la béatitude des miséricordieux. Allant un pas plus loin, la béatitude des cœurs purs appelle à changer son regard sur ceux qui nous entourent pour y découvrir l'image de Dieu qui s'y trouve enfouie. C'est ce regard neuf et valorisant sur l'autre, quel qu'il soit, dans sa différence, qui nous permet finalement d'atteindre le stade de la septième béatitude, celle des bâtisseurs de paix, dont il est dit qu'ils sont appelés "fils et filles de Dieu". Donc, notre rencontre avec le Père passe obligatoirement par notre rencontre avec nos frères et sœurs humains, tous ces Habel du monde qu'il serait si facile, comme Qaïn, de vouloir ignorer ou mépriser. Ce chemin des Béatitudes est aussi celui que le Christ lui-même a suivi au cours de sa vie terrestre. C'est en Jésus que nous sommes fils et filles de Dieu, c'est en aimant comme Jésus que nous pouvons laisser cette filiation se réaliser en nous." Celui qui aime est engendré par Dieu et parvient à la connaissance de Dieu", dit Saint Jean dans sa première épître.

Avant lui, tous les prophètes ont dit, à temps et à contretemps, que l'on ne va pas au Père en lui offrant des sacrifices, mais en vivant en frères. Rappelons ce texte d'Isaïe: "Partage ton pain avec celui qui a faim, recueille le malheureux sans abri... Ne te dérobe pas à ton semblable; alors ta lumière jaillira comme l'aurore; alors si tu appelles, le Seigneur répondra, si tu cries, il dira: "Me voici." Si tu fais disparaître de ton pays le joug, le geste de menace, la parole malfaisante... ton obscurité sera comme la lumière de midi."

Il n'y a pas besoin d'être sage, instruit ou intelligent pour découvrir le visage du Père, il suffit de regarder son frère ou sa sœur avec amour. Cela me rappelle l'histoire de ce jeune handicapé mental qui passait de long moments en prière. Un jour, un moniteur qui s'occupait de lui le questionne: "Qu'est ce que tu fais quand tu pries?--Eh bien je parle à Dieu et je l'écoute.-- Ah oui, et lui, est-ce qu'il te parle?-- Oui, il me parle.-- Et qu'est-ce qu'il te dit?-- Il me dit: "Tu es mon enfant bien-aimé." Personne n'avait jamais sans doute expliqué au jeune handicapé que c'est en Jésus que nous sommes fils et filles de Dieu; et pourtant, dans sa prière, il entendait Dieu lui parler dans les mêmes termes que le Père utilise pour dire son amour pour son fils Jésus lors de son baptême par Jean ou sur la montagne de la Transfiguration. Et cela nous introduit déjà au thème du chapitre suivant où nous chercherons à découvrir le visage du Père comme source d'Amour.

ONZIÈME CHAPITRE

Le Père, Source d'Amour

Au cours du chapitre précédent, nous avons surtout cherché à découvrir le visage du Père de qui nous tenons la vie, la croissance et l'être; et nous avons vu que c'est en Jésus-Christ que nous sommes fils et filles de Dieu. Ceci entraînait que l'amour de nos frères et sœurs humains jouait un rôle important dans notre filiation, notre rapport au Père. Aujourd'hui nous allons essayer de fixer notre regard sur le Père comme source d'Amour.

Cet amour de Dieu pour sa création et pour ses créatures, nous le découvrons dès le second récit de création, aux chapitres 2, 3 et 4 de la Genèse. C'est Yahweh-Elohîm, le Dieu Mère-Père qui accompagne l'humanité dans sa croissance, se souciant de son bien-être (le jardin d'Éden) et de sa nourriture. C'est le Dieu qui donne à l'être humain un vis-à-vis, une *Ishah,* pour l'aider à grandir. Mais c'est aussi le Dieu qui, tendrement, le rejoint dans ses faux-pas, ses échecs: "Qui t'a dit que tu étais nu?", "qui a cherché à t'humilier, à mettre sur tes épaules un fardeau pour lequel tu n'étais pas prêt et que je cherchais à t'éviter pour l'instant?"

C'est le Père dont le cœur se fend devant la souffrance de Qaïn et qui s'écrie: "C'est pourquoi...", c'est pourquoi , même si tu es victime de la souffrance que tu as toi-même déchaînée, aussi souvent qu'il le faudra, je te relèverai. On pourrait écrire plusieurs chapitres à citer des textes bibliques qui parlent de l'amour de Dieu pour sa création. Évoquons seulement ce chapitre 16 du livre d'Ézéchiel où Dieu compare son peuple à une petite fille nouvelle-née qu'il découvre baignant dans son sang et dont le cordon n'a même pas été noué. Alors, il l'appelle à la vie, il la lave, prend soin d'elle durant sa croissance, jusqu'à ce qu'elle devienne une femme qu'il épouse. À partir du verset 15, l'histoire se gâte car cette épouse devient infidèle et il n'y a pas trop de 38 versets pour décrire les excès de l'épouse. Mais le texte se termine avec ces paroles de Dieu: "Je te rétablirai au milieu de tes sœurs, celles que naguère tu méprisais... et je t'accorderai une alliance éternelle."

Si ce texte d'Ézéchiel donne à Dieu un rôle typiquement masculin, nombreux sont les textes qui utilisent des images féminines pour parler de l'amour de Dieu, de sa tendresse. Cela vient pour une part du fait que, dans la langue des Hébreux, c'est le même mot qui est utilisé pour désigner l'utérus et la tendresse, la miséricorde. Mais même quand on est passé au latin, cette image féminine n'a pas disparu et, en 675 par exemple, le Concile de Tolède parle du sein maternel de Dieu (*utero* en latin) d'où le Fils est engendré.

Nous avons déjà souligné combien, dans les récits de création, le Dieu Mère-Père se soucie de ce que mangeront ses créatures, et plus tard, par la bouche du prophète Isaïe, Dieu dit: "La femme oublie-t-elle son nourrisson?... Même si l'une d'elles l'oubliait, moi je ne t'oublierais pas."(Is 49,15-17) Ailleurs, la Bible compare Dieu à un aigle femelle qui porte ses petits sur ses ailes et leur apprend à voler, ou à une mère poule qui veille sur sa couvée jusqu'à ce qu'elle soit à même de se défendre toute seule.

Plus près de nous, nos frères et sœurs amérindiens considèrent parfois qu'une image féminine de Dieu est plus satisfaisante, car pour eux la femme est un être plus complet que l'homme, un être pour lequel les rites d'initiation sont moins nécessaires, pour ne pas dire inutiles.

Mais s'il est essentiel, pour aborder le troisième millénaire, de redécouvrir cette tendresse du Dieu Père ou Mère pour ses créatures, cela ne suffit pas. Il faut également se laisser transformer par cette tendresse, devenir nous-mêmes tendresse du Père. Il ne suffit pas de ressentir la tendresse du Père, il faut aussi parvenir à en être le témoin et cela est beaucoup plus exigeant que de seulement la proclamer.

Je pense à cette histoire que racontait une religieuse américaine. Quand elle est arrivée toute jeune aux Philippines, juste après ses vœux, pleine de zèle apostolique, elle a voulu, à peine débarquée de l'avion, aller faire un tour dans ce quartier où elle allait vivre et porter la Bonne Nouvelle. Elle est passée devant une de ces minuscules boutiques où, pour quelques centavos, on peut se faire servir de l'alcool local, pour aider à oublier que la vie est dure. Sur le trottoir, il y avait trois tabourets sur lesquels étaient assis des hommes qui buvaient. Et l'un d'eux avait un air si abattu que la religieuse n'a pu s'empêcher de lui dire: "Alors, ça ne va pas? --Non, cela ne va pas", répondit l'homme. "Ayez confiance", dit la jeune religieuse, vous avez un Père qui vous aime"... et elle allait continuer sa route quand l'homme s'est levé en s'appuyant contre le mur et lui a dit: "Écoutez-moi. Il y a deux mois, mon fils est tombé malade, très malade et ma femme et moi nous l'avons conduit à l'hôpital. Mais pour l'y faire admettre, il fallait donner un dépôt de 200 pesetas. Bien sûr, nous ne les avions pas. Alors on a demandé de l'aide aux voisins et ils ont été généreux, mais avec tout cela on n'a pu rassembler beaucoup plus que 20 pesetas, et mon fils est mort. Et puis, il y a trois semaines, c'est ma femme qui est tombée malade, très malade, mais là encore je n'ai pas pu réunir les 200 pesetas pour qu'elle soit admise à l'hôpital... et ma femme est morte... et vous venez me dire que j'ai un Père qui m'aime!" La religieuse raconte que ce jour-là, ce fut la fin de sa promenade; elle est rentrée dans sa chambre et elle a pleuré longuement. Mais qui oserait affirmer que ce n'est pas dans les larmes que l'on découvre le vrai visage du Père et l'appel à être le canal de <u>son</u> Amour pour sa Création.

En nous mettant à l'écoute des récits de création, nous y avons découvert le visage du Dieu solidaire de sa création, du Dieu qui porte, avec l'humanité tout entière, le poids de ce qui n'est pas encore accompli dans le monde, Il convient de compléter cette affirmation par un verset de l'épître aux Éphésiens qui selon les traductions parle soit du Dieu Père de tous qui règne <u>par</u> tous, ou plus carrément encore du Dieu qui est Père <u>par</u> tous. On a parfois tendance à penser que le message essentiel du Christianisme c'est: "Aimez-vous les uns les autres." Mais cela était déjà au cœur de la Torah juive. Le message de Jésus, c'est: "Aimez-vous de l'Amour que j'ai pour vous." Et il conclut son discours après la Cène par une prière à son Père dont les derniers mots sont: "Que l'Amour dont tu m'as aimé soit en eux et moi en eux." Être témoin de la tendresse du Père est bien au-dessus de nos simples capacités humaines. Il faut impérativement se brancher à cette source d'Amour du Père et le laisser agir à travers nous.

Nous avons commencé ce chapitre en disant que nous parlerions du Père qui est source d'amour, Or voilà qu'il veut être source d'amour pas seulement pour nous mais <u>par</u> nous. Cela rend d'autant plus important que nous soyons connectés, branchés à cette source d'amour. Parfois nous faisons des efforts pour aimer et nous y brûlons vite nos propres forces. Jésus est venu nous révéler que nous devons aimer de l'amour même du Père, ce qui suppose que nous demeurions branchés à cette source d'amour.

Si donc, il est important de redécouvrir l'amour du Père au seuil du troisième millénaire, ce n'est pas pour en avoir une belle définition théologique, mais pour que cet amour soit à l'œuvre dans notre monde, Et il le sera par nous ou pas du tout. Il n'en reste pas moins que le scandale de la souffrance demeure. Il n'est pas sûr qu'une solidarité avec ceux qui souffrent, une solidarité allant même jusqu'à la croix, soit suffisante pour répondre à ces questions qui nous assaillent souvent: "Si Dieu est Père, comment permet-il toute cette souffrance dans sa création? S'il est tout puissant, pourquoi n'intervient-il pas contre tous ceux dont les agissements sont cause de souffrance pour leurs frères?" Peut-on faire plus que de pleurer avec ceux qui pleurent?

Au cours d'une causerie sur le Père, que je donnais dans une paroisse, lors de la période de questions, une personne a demandé: "Le Père se montre-t-il le Père du Fils en laissant souffrir et mourir Jésus sur la croix?" J'ai essayé, en guise de réponse, de suggérer, qu'à mon avis, le problème pour le Père n'était pas de sauver son petit Fils chéri mais aussi tous les autres êtres qui, comme lui, seraient victimes de la violence des hommes ou des éléments. Si le Père applique un traitement spécial pour son Fils unique, ce Fils risque bien en fait de demeurer unique plutôt que de devenir l'aîné d'une multitude de frères et de sœurs. La réponse que donnait à cette question le mythe bouddhiste tibétain, résumé au chapitre neuf, que racontait ma femme Michèle, était que Avalotikeshvara, le Bouddha de la compassion, malgré ses mille bras et ses onze têtes, ne pouvait suffire à la tâche de soulager la souffrance des êtres humains. L'épître aux Hébreux a une autre réponse. Elle dit que "Jésus, au cours de sa vie terrestre, offrit prières et supplications, avec grands cris et larmes, à celui qui pouvait le sauver de la mort... et il a été entendu." Il a été entendu, non pas parce qu'il n'est pas mort, mais parce que Dieu l'a ressuscité. Comme le Christ avait été solidaire de l'humanité en toutes choses, le Père nous ressuscite avec lui.

La toute puissance de Dieu ne peut faire mieux que de donner sa vie, car il n'y a pas de plus grand amour que de donner sa vie pour ceux qu'on aime. Mais c'est sa vie éternelle qu'il donne, notre vie de ressuscités. Dans un monde qui gémit dans les douleurs d'un enfantement, les douleurs d'une création qui dure encore, la Résurrection est une étape majeure, capitale de cet engendrement du monde. Pleurer avec ceux qui pleurent, oui, mais comme le dit l'apôtre Paul, "porter dans notre corps la mort du Christ, pour que dans notre corps, la vie de Jésus soit aussi manifestée." Dieu est Père par nous si nous vivons notre vie de ressuscités et devenons ainsi source de vie pour ceux qui nous entourent, qu'ils soient dans la joie ou dans la peine.

Un autre auditeur de la même causerie, réalisant que Dieu nous portait déjà dans son désir avant la création du monde, aurait aimé savoir si Dieu nous connaissait et nous aimait chacun individuellement avant la création du monde. J'ai aimé cette question parce qu'elle était très humaine. D'une part, elle cherchait à faire entrer Dieu dans nos concepts de temps dans lesquels il est un peu à l'étroit. Mais d'autre part, la question reflétait bien nos mentalités individualistes occidentales. J'ai répondu en citant ce beau texte qui parle de la Sagesse au chapitre 8 du livre des Proverbes. En voici l'essentiel:

"Dès l'éternité je fus fondée, dès le commencement, avant l'origine de la Terre... Quand l'abîme n'était pas, je fus enfantée. Quand n'étaient pas les eaux jaillissantes... Quand il affermit les Cieux, j'étais là... Quand il assigna son terme à la mer... Quand il affermit les fondements de la Terre, j'étais à ses côtés, comme le maître d'œuvre faisant mes délices jour après jour, m'ébattant tout le jour en sa présence, m'ébattant sur la surface de sa terre et mettant mes délices à fréquenter les enfants des hommes."

On peut lire ce passage en considérant qu'il s'agit de la Sagesse. On peut le lire en considérant qu'il s'agit du Christ puisque, pour beaucoup, *Sophia,* la Sagesse est identifiée au Christ, au Verbe de Dieu. Si je suis capable d'entrer dans ma vie de fils ou de fille de Dieu, je peux penser que le texte parle de moi, pris individuellement. C'est sans doute à ce point-là où j'en étais quand je citais ce texte dans mon premier livre, "*Le*

Baptême par le Feu", il y a environ vingt ans. Maintenant que je découvre peu à peu le visage du Père, en qui nous sommes frères ou sœurs, je pense qu'il s'agit de nous, mais ce "nous" n'étant pas une masse informe mais un ensemble solidaire composé de moi plus la multitude des autres; une multitude qui s'adresse à Dieu en lui disant: "Notre Père" et non pas "mon Père". De toute façon, ne cherchons pas à trop définir Dieu: un Dieu défini est un Dieu confiné, limité. Laissons-nous porter par l'amour du Père. Laissons l'amour du Père passer à travers nous pour porter nos frères. Et si l'un de nous a besoin de la part du Père d'un amour plus personnalisé que les autres, je sais que le Père le lui donnera, comme nous le faisons pour certains de nos enfants plus fragiles, et comme Dieu le faisait quand il continuait à accueillir les sacrifices d'Habel alors que ce n'était plus de mise pour ceux de Qaïn. L'amour de Dieu est personnalisé, mais en même temps, nous sommes tous pour lui les frères et sœurs de son Fils Jésus.

DOUZIÈME CHAPITRE

Le Père, Source de Joie

Nous inspirant des récits de la Genèse, mais aussi d'autres récits bibliques, nous nous sommes, au cours des derniers chapitres, penchés sur le visage du Dieu Père pour le découvrir comme Source de Vie et Source d'Amour. Aujourd'hui, nous allons chercher à le reconnaître comme Source de Joie.

Nous avons déjà souligné cette importance de la Joie dans la Création. Rappelons le second récit de Création où le premier geste du Créateur, après qu'il ait façonné l'être humain et lui ait donné la vie, est de créer pour lui le Jardin d'Éden, ou Jardin de la Joie, où il place le Adam qu'il a formé, avec mission de la cultiver et de la garder et nous avons vu qu'il s'agissait en fait de cultiver la Joie et de la garder. La Joie semble donc être le milieu de croissance nécessaire à l'être humain. Quand, après l'épisode du déluge, Noé sort de l'arche avec sa famille, il commence par offrir un sacrifice d'action de grâces au Seigneur puis aussitôt nous le voyons planter une vigne comme pour recréer les conditions de la Joie. De la même façon, dans l'Évangile de Jean, le premier signe de Jésus est celui de l'eau changée en vin à Cana, comme pour, là aussi, préserver les conditions du jaillissement de la Joie.

La Joie culmine au matin de Pâques, mais peut-être plus encore à la Pentecôte, au point que les gens se demandent si les apôtres ne sont pas "pleins de vin". La Joie est en effet le signe sensible de l'Esprit Saint et il serait souhaitable que dans nos communautés, la confirmation soit vécue davantage comme le Sacrement de la Joie. Alors qu'en fait, quand on parle à de jeunes adultes, ils se souviennent beaucoup plus de certaines fins de semaine d'approfondissement spirituel où ils ont connu la Joie, que de leur Confirmation où la Joie ne perçait pas à travers le rituel.

À l'Eucharistie, le vin devient sang du Christ, mais là aussi, il serait souhaitable qu'à la communion, le sang devienne Joie dont le vin est le symbole.

Les textes ne manquent pas dans la Bible pour chanter le Dieu de la Joie. Par exemple, en Isaïe 65, 17: "Je vais créer Fête et Joie qui ne passeront pas. Voici que je crée Jérusalem pour la Joie et son peuple pour la Fête." Quant au prophète Sophonie, il n'hésite pas à proclamer: "Le Seigneur ton Dieu dansera pour toi avec des cris de Joie." Le Seigneur ton Dieu, c'est Yahweh-Adonai-Elohîm, le Dieu qui rassemble en son nom les divers courants spirituels de la Bible. Adonai, le Seigneur étant un autre nom pour Yahweh, nom que les Juifs n'osent prononcer. Si Dieu danse pour nous en poussant des cris de joie, peut-être pourrions-nous, nous aussi, danser pour lui en nous nourrissant de sa Joie? Relisez la parabole du fils prodigue dont nous avons déjà parlé et dont nous reparlerons encore. Il n'y est pas question de pardon, mais de la Joie du Père que le fils aîné ne sait pas accueillir. Pensons aux paraboles des invités aux noces, ou celles où le serviteur est appelé à entrer dans la Joie de son maître. Souvenons-nous de Youbal, le fils de Lemek dans le récit de la Genèse, père de ceux qui jouent de la harpe et de la flûte, joyeux et sources de Joie.

La seconde partie du livre d'Isaïe, au chapitre 40, commence par ces mots: "Consolez, consolez mon peuple" là encore, le Seigneur veut ramener la Joie. Quand la voix du Père se manifeste au Baptême de Jésus ou à la Transfiguration, c'est pour confirmer qu'en son fils Jésus, le Père a mis toute sa Joie. Quant au discours du Christ après la Cène, il insiste sur le fait que Jésus veut nous faire partager sa Joie de Fils et que cette Joie soit en nous dans sa totalité.

Nombreuses sont les paraboles qui parlent de la vigne. Savons-nous les entendre en réalisant que le symbolisme de la vigne est d'être source de Joie? Quand le Père nous invite à travailler à la vigne, en fait, il attend de nous que nous produisions des fruits de Joie. Ici encore, si nous sommes appelés à nous brancher sur le Père, source de Joie, c'est pour qu'à travers nous sa Joie puisse rejoindre la Création tout entière. On se rappelle de la parabole des deux fils auxquels le Père demande d'aller travailler à la vigne. Le premier dit "non", mais finalement y va et produit des fruits de Joie. Le second répond "oui, Seigneur", on pourrait aussi bien traduire par Maître, mais il ne va pas à la vigne, il reste esclave et ne produit pas de Joie. Or, la volonté du Père est faite quand le Fils refuse d'être esclave et accède à sa condition de Fils. C'est donc bien en étant le plus pleinement possible, fils ou fille que l'on accède à la Joie du Père.

Mais il faudrait se garder d'assimiler cette Joie au bonheur que l'on peut ressentir quand tout semble aller bien pour nous. Bonheur, douleur et indifférence sont superficiels. Plus profond en nous, il y a la Joie qui permet de persévérer à travers labeur, souffrance et épreuve. Cette Joie, je l'ai vu briller sur les visages des gens des pays du sud de notre planète qui vivaient au milieu de difficultés et d'épreuves que nous jugerions totalement intolérables. Plusieurs des mythes non bibliques de création que nous avons abordés précédemment plaçaient la vraie Joie au-delà des larmes. La deuxième béatitude pourrait peut-être se lire: en marche ceux qui pleurent, ils pourront accéder à la vraie Joie.

Lors de la seconde guerre mondiale, un jeune aveugle de vingt ans a été déporté en Allemagne au camp de Buchenwald. Son nom est Jacques Lusseyran. Il y a vécu environ un an et demi, source de réconfort et d'espoir pour beaucoup d'autres déportés. Dans son livre intitulé "*Et la lumière fût*", il déclare: "La Joie ne vient pas du dehors, elle est au dedans de moi, quoi qu'il arrive." Je pense que son témoignage peut être reçu. Le Père, source de Joie, est celui qui est au plus intime de moi. "Si quelqu'un m'aime dit Jésus, il gardera ma parole; mon Père l'aimera, nous ferons chez lui notre demeure."

C'est Merrel Wolf qui a dit: "La Joie est la seule louange et glorification de Dieu. La Joie est la seule prière qui vaille la peine." Les Évangiles, surtout celui de Luc, nous rapportent souvent que Jésus était en prière. Nous ne savons guère ce que le Père et le Fils se sont dit en ces occasions. Mais quand Jésus s'adresse à son Père à voix haute, c'est en général pour une prière d'action de grâces. Par exemple, en Saint Luc, "À l'instant même, Jésus exulta de Joie sous l'action de l'Esprit Saint et dit: "Je te loue, Père, Seigneur du ciel et de la terre, d'avoir caché cela aux sages et aux intelligents et de l'avoir révélé aux tout-petits." Ou, en Saint Jean, juste avant d'attirer Lazare hors du tombeau: "Je te rends grâce de ce que tu m'as exaucé. Certes, je savais bien que tu m'exauces toujours, mais j'ai parlé à cause de cette foule qui m'entoure, afin qu'ils croient."

Mais l'action de grâces, comme la Joie, ne doit pas se limiter aux occasions où tout va bien. "En toutes circonstances, rendez grâce à Dieu" dit Saint Paul, car la vraie action de grâces n'est pas dépendante de circonstances particulières pour lesquelles on remercie. La vraie action de grâces est solidarité avec la Création tout entière dans ce qu'elle a d'accompli et de pas encore accompli, elle est hymne au Créateur, non pas pour toutes ses créatures, mais avec toutes ses créatures. C'est la Joie de Lemek quand il rassemble ses femmes Adah et Tsilah pour leur partager ce qu'il a découvert en se regardant avec le regard d'Amour de Dieu: "J'ai tué un homme pour ma blessure et un jeune homme pour ma guérison."

Quand on va au cœur des spiritualités non chrétiennes, on retrouve cette même image de Joie associée au nom de Dieu. Par exemple, la Kena Upanishad, un des écrits les plus sages de l'hindouisme déclare: "Le Nom de Dieu est Joie, c'est comme Joie que nous devons l'adorer et le rechercher." Le Nom de Dieu, c'est-à-dire son être, est Joie. Le Père est source de Joie car Il est Joie, de la même façon qu'Il est source d'Amour parce qu'Il est Amour.

La première version de ce texte a vu le jour juste avant le Jubilé de l'an 2000. Au fond, qu'est-ce que c'est qu'un Jubilé? En très peu de mots, on pourrait dire qu'un Jubilé est "**un temps d'arrêt, pour la Joie.**"

Au septième jour du récit de Création, Dieu créa le repos, le temps d'arrêt (Gn. 2, 2-3). Ce texte a fondé le repos hebdomadaire, puis le repos des années sabbatiques, tous les sept ans, pour la terre entière dont le sol lui-même était appelé à se reposer. Enfin, fut instituée l'année jubilaire, après sept périodes de sept ans, soit tous les cinquante ans.

Le Jubilé, c'est un "temps d'arrêt" pour que rejaillisse la Joie pour les accablés de la vie. Une campagne a eu lieu pour que, dans l'esprit des jubilés bibliques, la dette des pays du Sud soit réduite ou annulée à l'occasion du Jubilé de l'an 2000. Cette campagne a abouti à rétablir un tout petit peu plus de Justice dans notre monde. Mais tout aussi important était que nous-mêmes, nous nous reconnections à la Joie, la vraie Joie dont nous parlions tout à l'heure et non pas celle que l'on vend dans les supermarchés. Cet aspect du Jubilé n'a pas été assez souligné. Or cette Joie, même si elle a sa source au plus profond de nous-mêmes, n'est pas une Joie solitaire. L'année jubilaire est aussi un appel à renouer des liens avec les gens qui nous entourent, à redécouvrir l'autre comme un frère, comme une sœur.

À la fin du mythe de Femme Cuivre, vous vous rappelez peut-être que, quand dans le récit apparaissent les enfants de la Joie, il s'agissait de sœurs jumelles. Devenir des enfants de la Joie, c'est tout un changement dans nos habitudes ou nos mentalités. Dans la version intégrale du récit on lit: "Les enfants de la Joie connaîtront la tristesse mais ils la surmonteront. Ils connaîtront l'aliénation. Leurs yeux graves voient à travers l'épaisseur de la réalité, comme un regard calme plonge dans la profondeur de la mer. Ils seront capables d'endurer là où d'autres se décourageraient. Ils survivront, là où d'autres se laisseraient mourir. Ils savent aimer, même s'ils n'ont pas été aimés. Ils passent leur vie à essayer de communiquer cet amour qu'ils connaissent."

Rappelons aussi que les premiers enfants de la Joie dont parlait le mythe, n'étaient pas engendrés par suite de relations sexuelles, mais uniquement par la Joie intense dont une mère, Mowita, se laissait pénétrer. Retrouver le visage du Père, source de Joie et nous laisser pénétrer par sa Joie, c'est peut-être redevenir capables de donner naissance, autour de nous, pas forcément biologiquement, à des enfants de la Joie.

Le mot Jubilé lui-même est synonyme de Joie et parmi les différents visages du Père que nous avons à redécouvrir, c'est au fond peut-être celui du Père, source de Joie par lequel nous devrions commencer. Regardons comment les choses se passent dans la vie. La première communication entre un père et son fils, bien avant le geste ou la parole, se fait par le sourire.

En général, je ne peux m'empêcher, quand je célèbre un baptême de dire cette phrase du prophète Isaïe: "Comme un jeune homme épouse une vierge, ton Créateur t'épousera et comme le mari trouve sa Joie en son épouse, tu seras la Joie de ton Dieu." (Is 62,5)

Pourquoi Dieu a-t-il créé le monde, se demande-t-on parfois? Pour la Joie. Pour sa Joie, pour la nôtre. C'est en devenant Joie nous-mêmes que nous serons semblables à Lui.

Mais comment retrouver cette Joie qui semble avoir fui notre monde occidental? Je me rappelle de ce projet dont je m'occupais dans ce qui s'appelait alors le Zaïre en 1991. J'avais insisté pour que l'on fasse enquête sur les habitudes de danse des populations concernées par le projet, et cela au début du projet, puis cinq ans plus tard, quand il serait terminé. Si on dansait moins dans les villages après la fin du projet, j'estimais que toute l'affaire aurait abouti à une régression, pas à un développement.

La danse, expression de la Joie, a une dimension collective. Peut-être est-ce la Joie qui manque dans nos paroisses pour qu'elles puissent être vraiment des communautés? Insidieusement, les média distillent l'individualisme et les enfants de six ans, au lieu de jouer avec leurs petits amis, ont déjà le visage rivé à l'écran de l'ordinateur.

Saurons-nous ramer à contre-courant avec les Enfants de la Joie dont parle le mythe amérindien de Femme Cuivre? Saurons-nous entendre tous ces appels à la Joie que contient la Bible? On peut faire toutes les études que l'on veut sur les causes de suicide chez les jeunes et les moins jeunes. Mais la vraie cause des suicides, n'est-elle pas en chacun de nous, si nous ne faisons pas l'effort de libérer la Joie qui nous habite, si nous sommes incapables de bâtir un monde de Joie?

Dieu a créé le monde pour la Joie. C'est le message des récits de création. Peut-être suffirait-il de croire vraiment à la Joie pour qu'elle advienne? Or elle est possible, puisque c'est justement pour cela que Dieu nous a créés.

TREIZIÈME CHAPITRE

Le Père, Source de Pardon

Au cours des deux derniers chapitres, nous avons surtout cherché à découvrir le visage du Dieu-Père et il y a peut-être des gens parmi vous qui se demandent ce que cela a à voir avec les récits de création. Rappelons ce que nous avons dit à plusieurs reprises: être créateur et Père, c'est tout un. Création égale filiation. Le Père est origine, source de tout et successivement, nous l'avons découvert comme Source de Vie, puis comme Source d'Amour, et enfin comme Source de Joie. En fait, ce qui fait la caractéristique des mythes bibliques, c'est précisément qu'on y retrouve tous ces aspects du Père. Aujourd'hui, nous allons chercher à comprendre ce que cela signifie quand nous disons qu'il est Source de Pardon.

Je dis bien, chercher à comprendre, car pour entrer dans le mystère du pardon de Dieu, il va falloir chercher d'abord à nous débarrasser des images de nos pauvres pardons humains, toujours remis en cause, ce que j'appellerais des non-pardons, jamais finis. Cesser de projeter sur Dieu l'image de notre amour-propre blessé. Dieu n'a pas d'amour-propre, il est amour et, à ce titre, il endure tout, excuse tout, comme le dit l'Hymne à l'amour, dans la première lettre aux Corinthiens.

On a parfois l'impression que, peut-être avec les meilleures intentions du monde et beaucoup de dévouement, la première évangélisation a surtout consisté à bâtir de la culpabilité pour pouvoir vendre le pardon. Je l'ai constaté par exemple chez des Chrétiens anglicans du Sud du Soudan, en 1994. Mais je voudrais citer ce qu'écrivait le père oblat Achiel Peelman, après dix années passées chez les Amérindiens du centre du Canada. Je cite: "Lors d'une rencontre avec un groupe d'autochtones à Beauval (en la province de la Saskatchewan), un milieu très catholique, en avril 1983, nous avons pu constater que leur Dieu était beaucoup plus un Dieu de peur que d'amour, un Dieu qui apparemment n'avait d'autre fonction que de punir les humains pour leurs péchés." Et il cite le témoignage suivant: "Les missionnaires ne nous disaient jamais que Dieu était bon pour nous. Tout ce que je me rappelle de mon enseignement religieux, c'est la peur de l'enfer. C'est seulement le jour de Pâques, que nous entendions parler d'un Dieu ou d'un Christ sauveur. Le restant de l'année, c'était l'enfer."

Or, si nous avons tellement de difficulté à pardonner et à comprendre ce qu'est le pardon de Dieu, c'est sans doute parce que nous avons une tendance irrésistible à juger les autres, et parfois nous-mêmes, et à projeter sur Dieu notre idée de jugement. Nous avons vu que dans les récits de création, en face des fautes du Adam et de son *Ishah,* et de la faute de Qaïn, Yahweh-Elohîm ne condamnait pas, mais cherchait à accompagner les fautifs dans la situation difficile où ils s'étaient fourvoyés. Dieu ne vengera pas Qaïn si quelqu'un le tue, il le relèvera. L'ancien Testament est pourtant plein de gens qui demandent à Dieu de les venger. Avec Jésus, puis avec Étienne, s'ouvre une ère nouvelle où les victimes ne demandent plus à Dieu de les venger mais de pardonner à leurs bourreaux.

Si nous passons au Nouveau Testament en Saint Jean, au chapitre 5, je lis, dans la bouche de Jésus: "De même que le Père ressuscite les morts et les fait vivre, ainsi le Fils fait vivre qui il veut. Car le Père ne juge personne; tout le jugement, il l'a remis au Fils." Pour Jésus, la question est claire: le Père n'est pas celui qui juge ou qui condamne, mais celui qui fait vivre. Le pardon, vu ainsi, est le pardon, le don suprême, le don de la vie éternelle. "Tout le jugement, il l'a remis au Fils", ajoute Jésus à la fin de la phrase, mais quelques chapitres plus loin, au chapitre 12 du même Évangile, Jésus affirme: "Je ne suis pas venu pour juger mais pour sauver." Alors, qui juge dans tout cela? Nous, nous, et encore nous!

D'ailleurs dans la Bible, la plupart du temps, le verbe juger ne signifie pas évaluer et au besoin condamner pour ensuite enfermer derrière des barreaux; au contraire, juger c'est conduire à la liberté. C'est le rôle des Juges d'Israël, pendant la période dite des Juges, entre l'entrée dans la Terre Promise et le début de la Royauté. La Justice de Dieu, c'est le règne de l'amour et l'enfer n'est pas l'espace de la justice de Dieu, mais du refus de cette justice.

Or, il est en notre pouvoir d'annuler le jugement, le Sermon sur la Montagne en Matthieu et le discours dans la plaine dans l'Évangile de Luc le disent sans ambiguïté: "Ne jugez pas et vous ne serez pas jugés, ne condamnez pas, et vous ne serez pas condamnés." Mais nous continuons à juger! Quant à Saint Jacques, il dit dans son épître: "Parlez et agissez en sachant que l'on vous jugera d'après la Loi de la Liberté", et plus loin: "La miséricorde se moque du jugement." Mais apparemment, nous préférons le jugement à la Liberté!

Dans l'Ancien Testament, le "Jugement est la sainteté toute-puissante de Dieu qui vient au secours de ceux qui l'implorent", donc, déjà un jugement qui sauve. Et dans le Catéchisme de l'Église Catholique, au paragraphe 1040, je lis, au sujet du Jugement

Dernier, "c'est alors que nous connaîtrons le sens ultime de l'œuvre de la création et de toute l'économie du salut." On est loin du "*Dies irae*", du jour de colère de Dieu que l'on a tant chanté. C'était de la très belle musique, mais de la bien vilaine théologie.

Si Dieu ne juge pas, qu'en est-il de son pardon? Prenons quelques images humaines qui nous viennent de la Bible. Nous avons déjà évoqué ce père du Fils Prodigue dans la parabole. Nous avons alors souligné que rien dans le texte ne dit que le père est offensé, ni qu'il pardonne. Il fait une grande fête pour célébrer sa Joie. Le père du Prodigue ne pardonne pas (au sens habituel du mot), mais confirme à son enfant qu'il est bien fils. Il ne lui rend pas l'état de fils dont l'enfant se croyait exclus. Il le lui confirme et la preuve est que le père guettait son retour et court vers lui. Mais, il sort aussi pour aller à la rencontre de l'aîné qui, lui surtout, n'arrive pas à entrer dans sa condition de fils et qui préfère juger et rester dans sa soumission plutôt que d'entrer dans la Joie de son père.

Au second livre de Samuel, il y a l'histoire de la révolte d'Absalon contre son père, le roi David. David doit fuir Jérusalem devant les armées de son fils qui, pour humilier son père, couchera avec les femmes de celui-ci sur la place publique. Mais finalement, dans un dernier combat, Absalon est tué par les armées du roi David. Quand le roi l'apprend, il s'écrie en sanglotant: "Absalon, mon fils, que ne suis-je mort à ta place!" Le roi David aurait voulu donner sa vie pour que son fils vive. Le Dieu-Père ne fait pas moins.

Le <u>par</u>-don, don par-dessus tout, don suprême, c'est le don de la vie, la Résurrection, le don de la vie de Dieu, la Vie Éternelle qui fait de nous des fils et des filles. L'apôtre Paul le dit aux Corinthiens: "Si le Christ n'est pas ressuscité, vous êtes encore dans vos péchés." Le pardon de Dieu est lié à la Résurrection du Christ, beaucoup plus qu'à sa passion, qui serait une expiation à notre place. Paul dit encore aux Romains: "Si ta bouche proclame que Jésus est Seigneur, si tu crois dans ton cœur que Dieu l'a relevé d'entre les morts, tu seras sauvé."

C'est l'amour du Père qui ressuscite Jésus; c'est l'amour du père du Prodigue qui fait revenir le fils: "Mon fils que voilà était mort, il est revenu à la vie." Le pardon est appel à être et don de la vie éternelle. Au fond, il ne s'agit pas tellement de le comprendre que de le vivre. Un appel à être qui dit: "Sois, vis!"

Je pense à cette histoire que raconte la romancière Christiane Singer dans son livre "*Du bon usage des crises*". "C'est l'histoire d'une institutrice qui a décidé d'accoucher à la maison et vient de mettre au monde un petit garçon. De manière inattendue pour un troisième enfant, la naissance est longue et difficile. L'enfant naît avec le cordon autour du cou. Pas d'inspiration, pas de cri. Après plusieurs tentatives vaines, la sage-femme se précipite à la cuisine pour tenir le nouveau-né sous l'eau courante. À cet instant, la mère s'arrache à son épuisement, se lève encore dans son sang, soutenant des deux mains le placenta dont elle n'a pas encore été délivrée, elle surgit dans la cuisine, se précipite vers ce fils et de toute son âme l'interpelle: *Viens petit, viens!* Alors il inspire, alors seulement il se décide à naître."

Puissions-nous tous et toutes entendre cet appel à être: "Viens petit, viens!" C'est le cri de l'Ange Gabriel appelant Jésus à la vie dans le sein de la Vierge Marie au jour de l'Annonciation: "Viens petit, viens!" C'était peut-être le but de ce livre: entendre avec des oreilles neuves, cet appel du Père à la vie: "Viens petit, viens!" Puisse notre Église entendre cet appel à naître ou à renaître.

Le pardon est appel à la vie. C'est dans ce sens qu'il faut dire le "pardonne-nous nos offenses" du Notre Père, qui est d'ailleurs une mauvaise traduction du texte qui se lit plutôt: "Remets-nous nos dettes." Mais la seule dette que nous ayons envers le Père, c'est le germe de fils ou de fille déposé en nous, c'est l'amour investi en nous, les talents qu'il nous a donnés (vie, amour, joie) et qu'il s'agit non pas de rembourser mais de faire fructifier. Remets-nous nos dettes, annule la dette des intérêts impayés, et toute la culpabilité qui va avec, pour que nous puissions recommencer à croître. De la même façon que, à l'occasion du Jubilé de l'an 2000, il aurait fallu annuler complètement la dette des pays du Sud dans la mesure où elle est un obstacle à leur croissance.

Le pardon est libération comme le Jubilé. Il est en rapport direct avec l'Incarnation du Fils de Dieu. Quand Jésus veut expliquer sa mission aux gens de son village, il lit à la synagogue le texte du prophète Isaïe qui annonce le Jubilé: "L'Esprit du Seigneur est sur moi: il m'a consacré par l'onction pour apporter aux pauvres un message de Joie. Il m'a envoyé annoncer aux captifs la libération et aux aveugles le retour à la vue, renvoyer les opprimés vers la liberté, proclamer une année de grâce de la part du Seigneur", l'année jubilaire, mais là il arrête sa lecture au milieu de la phrase pour ne pas avoir à lire la suite qui dit: "et l'année de la vengeance d'Elohîm." Car il sait bien, à la différence d'Isaïe, qu'il n'y a pas de vengeance de Dieu.

Accueillir le pardon du Père, c'est redécouvrir ce regard d'amour du Père sur nous, cette foi du Père en nous, comme le regard d'un parent qui encourage son enfant dans ses premiers pas ou comme le regard d'une institutrice qui sait encourager les efforts de ses élèves. Redécouvrir le Père qui est solidaire de tout ce qui n'est pas encore accompli en nous. "Si ton cœur te condamnait, Dieu est plus grand que ton cœur et il sait tout" écrit Saint Jean dans sa première épître.

Avez-vous remarqué que dans le rituel de la messe, on s'adresse toujours au Dieu Père tout-Puissant et non pas au Dieu tout-Puissant, sauf, et l'exception me paraît totalement inexplicable, sauf pour le rite pénitentiel? Le "Je confesse à Dieu" s'adresse au Dieu tout-Puissant, pas au Père! La conclusion du rite pénitentiel dit: "Que Dieu tout-Puissant nous fasse miséricorde ..." On a laissé tombé le Père là où il serait le plus nécessaire, au risque de donner l'impression que l'on se confesse au Dieu juge et non pas au Dieu Père. Espérons que nous n'attendrons pas le quatrième millénaire pour corriger cette anomalie.

Le Dieu de la miséricorde, c'est celui qui dit au Adam: "Qui t'a montré que tu étais nu?", qui a chercher à t'humilier, qui t'a évalué ou t'a amené à t'évaluer en fonction d'un code moral pour lequel tu n'étais pas encore assez accompli?" Si Dieu est pour nous, qui sera contre nous?" demande l'apôtre Paul aux Chrétiens de Rome. Et il continue: "Qui accusera ceux que Dieu appelle? C'est Dieu leur juge, qui les condamnera?" Qui accusera ceux que Dieu appelle? On retrouve cet appel à être: "Viens petit, viens!" dont nous parlions tout à l'heure.

C'est encore Paul qui écrit aux Corinthiens dans sa deuxième lettre: "Laissez-vous réconcilier avec Dieu. Celui qui n'a pas connu le péché, Dieu l'a pour nous identifié au péché afin que, en lui, nous devenions justice de Dieu." Il ne s'agit pas de réconcilier Dieu avec nous, mais de nous réconcilier avec lui. Car, au fond, peut-être est-ce nous qui avons des choses à pardonner à Dieu à cause des fausses images de lui que nous traînons avec nous? Comme le frère aîné du prodigue avait du ressentiment contre son père, incapable qu'il était d'entrer dans son indulgence et dans sa joie. C'est sans doute un travail de l'Esprit s'il nous a été donné de nous mettre à l'écoute des mythes de création. Il y a tellement de mal croyances, de fausses images du Père qui ont été, au cours des âges, rattachées à ces récits de création.

Comment ce visage renouvelé du Père peut-il être présenté à notre monde à l'aube du troisième millénaire? C'est ce que nous nous efforcerons maintenant de découvrir en conclusion de notre cheminement. Comme nous l'avions souligné assez tôt dans notre démarche, le Dieu Père a choisi d'être Père par nous. C'est en tout cas ce que l'apôtre Paul affirme aux Éphésiens. C'est peut-être là la plus grande marque d'amour du Père. Il n'y a pas de plus grand amour que de vouloir être par ceux ou celles qu'on aime. Comme un Père ou une Mère est appelé peu à peu à se dessaisir sur ses enfants de responsabilités qu'il ou elle se réservait à l'origine.

Or, pour que Dieu puisse être Père ou Mère par nous, il est sans doute nécessaire que, comme Jésus, nous restions branchés sur Lui qui est la source d'eau vive, la source de vie, d'amour, de joie et de pardon. Il ne s'agit pas de parler de l'amour de Dieu, mais de parler et d'agir avec l'amour de Dieu. Si nous ne pardonnons pas à notre prochain, Dieu ne peut pas être Père par nous. Je n'ai trouvé dans l'Évangile qu'une seule condition au pardon de Dieu, dont on serait par ailleurs tenté de dire qu'il est entièrement gratuit. Cette condition se trouve dans le Sermon sur la Montagne et elle est sans ambiguïté. Le texte dit, c'est au verset 15 du chapitre 6 de Matthieu: "Si vous ne pardonnez pas aux autres, votre Père non plus ne vous pardonnera pas vos offenses." Il est des offenses, des préjudices que nous avons subis et dont nous avons l'impression qu'il est au-dessus des forces humaines de pardonner. Et c'est sans doute exact, comme le reconnaît l'Évangile:

"Pour l'homme c'est impossible, mais pas pour Dieu." C'est pourquoi il est tellement essentiel de retrouver le visage du Père, non pas tant comme celui qui pardonne, mais comme celui qui peut être, en nous, source de pardon. Un pardon qui est au-delà de l'absolution d'une faute, ce qui parfois peut être très blessant pour l'autre, mais un pardon qui consiste à découvrir et à devenir ce regard du Père qui engendre et qui simplement dit: "Sois!" Un pardon qui devient écoute aimante de l'autre. Car, plus exigeant peut-être encore que le pardon, s'il était simple effacement de la faute, il y a cet appel de Dieu à aimer nos ennemis. Là il ne suffit pas d'écouter son cœur, car le cœur dit "Non". Il s'agit bien plutôt de laisser agir en nous l'amour du Père. Rappelons que la Bible précise à plusieurs reprises que c'est cet amour des ennemis qui nous vaut d'être appelés fils ou filles de Dieu.

Je me rappelle qu'il y a 35 ans, c'était en mars 1980, je prêchais dans une paroisse de Montréal: au milieu de l'homélie, j'informais l'assemblée qu'il venait de se produire un miracle à Montréal. Il n'y a rien de tel pour réveiller ceux ou celles qui sommeillent pendant le sermon, tellement est grande notre soif de sensationnel. Alors, je me suis mis à parler de ce jeune garçon qui avait été tué quelques jours plus tôt par un homme sur le Pont Jacques-Cartier. Or, quelques heures avant la messe où je prêchais, la radio avait annoncé que les parents de la victime avaient pardonné au meurtrier de leur fils, et au moment même où je parlais, ils participaient à une célébration d'action de grâces dans une autre église de Montréal. Certains ont peut-être été déçus, ce jour-là, dans leur attente de sensationnel, mais je continue à penser qu'il s'agissait bien d'un miracle, d'une action extraordinaire de Dieu dans le cœur des hommes et des femmes.

Pour que Dieu soit Père par nous, il ne suffit par d'inscrire sur la monnaie "*In God we trust*", comme le font nos voisins du Sud du Canada, si 15 ou 20 ans après le meurtre d'un être cher, on en est encore à se réjouir du refus de Grâce pour l'accusé et que l'on se fait un devoir d'assister à son exécution. Est-ce là encore l'effet d'une évangélisation qui a plus présenté le Dieu juge que le Dieu amour et source d'amour?

Dans la description biblique du premier repas pascal, il est dit que les Juifs devaient y manger des herbes amères, symbole de toute l'amertume qu'ils avaient pu accumuler durant les années d'esclavage. Sinon, comment auraient-ils pu vivre pleinement le Passage du Seigneur, l'irruption de Dieu dans leur vie et ainsi accéder à la vraie liberté?

La lettre apostolique du Pape Jean-Paul II sur le Jubilé de l'an 2000 invitait, en 1999, à redécouvrir le sacrement de la Réconciliation. Comment faire pour que ce signe de l'amour de Dieu qu'est le sacrement, reflète bien ce Père dont nous avons cherché à découvrir le visage avec son infinie tendresse, son incessant appel à croître, à grandir, et sa Joie?

Ce qui me frappe dans les récits bibliques que nous avons évoqués, c'est que Dieu est toujours celui qui fait les premiers pas. Adam et son *Ishah* ayant désobéi, ne se tournent pas vers Dieu. Ils se cachent. C'est Dieu qui vient à eux pour les rejoindre là où ils sont. Même chose avec Qaïn. Dans la parabole du Prodigue, le fils décide bien de retourner vers son père, mais c'est pour mendier un travail comme serviteur. C'est le père qui, par contre, court vers lui dès qu'il le voit apparaître à l'horizon. C'est le père également qui sort vers le frère aîné qui refuse d'entrer. De la même manière, quand quelqu'un vient à Jésus pour être guéri d'une maladie ou d'une infirmité, c'est Jésus qui prend l'initiative de lui annoncer: "Tes péchés sont pardonnés."

Nous avons dit que le par-don est don de la Vie. Saurons-nous inventer des célébrations où nous rencontrerons l'autre, là où il est, pour lui donner le goût de faire le pas suivant. "Veux-tu accueillir la Vie? Elle est là!"

"À quoi bon rappeler le passé?" dit Dieu par la bouche du prophète Isaïe, "voici que je vais faire du neuf qui déjà bourgeonne, ne le voyez-vous pas?" Je fais du neuf qui déjà bourgeonne, dit le texte; on est bien au niveau de la vie. Dieu vient à nous pour nous demander: "Qui veux-tu être aujourd'hui?" On est bien au niveau de l'être, pas d'une comptabilité des bonnes ou des mauvaises actions passées.

Le Père, comme le Fils, viennent à notre rencontre. C'est Jésus qui dit: "La volonté de mon Père, c'est que je ne perde aucun de ceux qu'il m'a donnés." Jésus ne meurt pas pour que le Père pardonne, comme on l'a trop souvent répété, mais il meurt parce que le Père pardonne, parce qu'il a fait le choix de transformer le monde, de le faire croître. Jésus meurt parce qu'il est la vie qui se donne et c'est cela le par-don. Jésus se dresse contre tout ce qui est opposé à la vie. Il en meurt, mais la vie triomphe.

Le Père est celui qui dit à chacun et chacune de nous, comme à Abraham: "Pars pour toi" ou comme à la Sulamite du Cantique des cantiques: "Lève-toi vers toi-même et va vers toi." En fait Dieu nous dit: "Va vers toi, quand tu te seras trouvé, tu pourras rencontrer ton frère; et quand tu auras rencontré ton frère en vérité, tu m'auras trouvé."

Nous avons, pendant un certain nombre d'années, introduit dans nos églises des célébrations communautaires du pardon. Mais il s'agissait encore bien souvent d'obtenir le signe du pardon pour nos petits péchés individuels. Ne faudrait-il pas davantage, au cours de ces célébrations, nous interroger plutôt sur tous ces pardons que nous ne savons pas donner, et prier ensemble le Père d'être en nous source de pardon? Ne faudrait-il pas également chercher à faire un peu plus la lumière sur tous nos péchés de société, sur tout l'inaccompli, sur tout l'injuste dans notre monde pour que dans les structures d'injustice, le pardon de Dieu devienne source de Vie?

Je viens de parler de lumière, j'aurais pu tout aussi bien parler de vérité. Peut-être le sacrement du pardon pourrait tout aussi bien s'appeler sacrement de la lumière ou sacrement de la vérité? Pensons au travail de la commission "Vérité et Réconciliation" en Afrique du Sud.

Le Père Joseph Wresinski, fondateur du mouvement "Aide à toute détresse, Quart-Monde", parle de ce besoin de pardon qu'éprouvent les itinérants, les sans-abri. On peut se demander si ce n'est pas le regard de ceux qui ont un toit qui les culpabilise. Alors, ne pourrait-on pas rêver de célébrer la réconciliation par un grand banquet de la Joie, comme le fait le Père du Prodigue, à condition d'y inviter tous les humiliés, les rejetés de notre monde?

Aller vers le Père, c'est entrer dans le mystère pascal et vivre notre vie de ressuscités. Dans le discours après la Cène en Saint Jean, Jésus dit: "L'heure est venue...", l'heure est venue de l'enfantement à la vie éternelle qui est connaissance du Père et de son Fils Jésus, l'heure où on entre dans la Joie du Père.

Or, qu'est-ce que le Père attend de ses fils et de ses filles? Essentiellement, qu'ils vivent dans leur vie de tous les jours ce qui est réalisé, accompli dans le mystère pascal, en étant fils et filles. Le mystère pascal est source de Vie: "Nous portons dans nos corps la mort de Jésus, pour que, dans notre corps, sa Vie soit aussi manifestée."

Donc qu'est-ce que le Père attend de ses fils et de ses filles?
-Qu'ils et elles vivent de sa Vie et la transmettent.
-Qu'ils et elles aiment de son Amour et le transmettent.
-Qu'ils et elles se réjouissent de sa Joie et la transmettent.
-Qu'ils ou elles pardonnent et aiment leurs ennemis, non pas pour convertir ces derniers, mais pour se transformer eux-mêmes à l'image de Jésus. C'est Paul qui dit aux Galates que "Dieu a révélé en lui son Fils", non pas à lui, mais bien en lui.

Le Père est celui qui appelle, mais pas vers lui. Le Fils, c'est celui qui, au matin de Pâques, dit à Marie-Madeleine: "Va trouver tes frères..." C'est celui qui dit aux apôtres: "Donnez-leur vous-mêmes à manger." Le chemin vers le Père passe par la rencontre de nos frères et sœurs. Quand au visage du Père, il est sans limite et il est trop tôt pour savoir si cela nous prendra un an ou plusieurs millénaires pour le redécouvrir. L'essentiel c'est de se mettre en marche.

La Pâque, le passage du Seigneur dans nos vies. Chaque fête de Pâques que nous vivons devrait pouvoir nous révéler un aspect nouveau du Seigneur Jésus et de son Père. Ou bien aurions-nous cessé de croître, comme ces écoliers dont on dit qu'ils ont perdu leur année?

Dès que l'on parle de Pâques, les mots semblent nous faire défaut pour exprimer une telle réalité. Alors, on se réfugie prudemment derrière des mots comme "Le mystère Pascal." Mais il ne faudrait pas que cette formule commode cache la réalité, empêche le Seigneur ressuscité de faire irruption en nous.

Sommes-nous suffisamment solidaires de tout ce qui n'est pas encore accompli dans notre monde pour accueillir le Christ ressuscité comme ce supplément de Vie dont nous sentons que nous ne pouvons pas nous passer; dont nous ne pouvons pas nous passer si nous voulons que, l'an prochain, le monde et nous-mêmes soyons un peu plus accomplis?

QUATORZIÈME CHAPITRE

En marche vers l'Apocalypse

Comment maintenir le livre ouvert pour que les récits de création continuent à jouer leur rôle régénérateur dans notre monde? Laisser résonner les récits de création au cœur de nos vies pour que, peu à peu, nous nous acheminions vers cette dernière étape de la Création qu'évoque le livre de l'Apocalypse. Écoutons le début du chapitre 21 pendant trois versets:

1   *Alors je vis un ciel nouveau et une terre nouvelle car le premier ciel et la première terre ont disparu et la mer n'est plus.*
2   *Et la cité sainte, la Jérusalem nouvelle, je la vis qui descendait du ciel d'auprès de Dieu, prête comme une épouse parée pour son époux.*
3   *Et j'entendis une voix venant du trône, une voix forte qui disait: "Voici la demeure de Dieu avec les êtres humains. Il demeurera avec eux. Ils seront ses peuples et lui "Dieu avec eux", sera leur Dieu."*

Nous notons dans le premier verset que la mer, les eaux d'en bas du premier récit de création, symbole de ce qui n'est pas encore accompli, la mer n'est plus parce que tout est accompli.

Au second verset, on voit la Cité Sainte, appelée Jérusalem, c'est-à-dire ville de la Paix, qui vient du ciel. La dualité entre le ciel et la terre n'est plus nécessaire puisque la création est terminée.

Au troisième verset, Dieu est appelé Emmanuel, Dieu avec les êtres humains, comme au livre du prophète Isaïe cité au début de l'Évangile de Matthieu. C'est toujours le même Dieu qui accompagne sa création, comme au temps de Qaïn. Dieu le confirme au verset 6, il dit:

6   *C'est arrivé, je suis l'Alpha et l'Oméga, le principe et la fin. À celui qui a soif, je donnerai de la source d'eau vive, gratuitement.*

Puis, parlant de la Cité Sainte, le texte continue au verset 22 et suivants:
22   De Temple je n'en vis point dans la cité, car son temple c'est le Yahweh-Elohîm.
23   La cité n'a besoin ni du soleil, ni de la lune pour l'éclairer car la gloire de Dieu l'illumine et son flambeau c'est l'Agneau...
25   Les portes de la ville ne se fermeront pas à la fin du jour car il n'y aura plus de nuit.

On a l'impression que l'on parcourt en marche arrière les étapes de la première création, pour finalement retrouver au chapitre qui suit, à quatre versets de la fin de la Bible, l'eau et l'Esprit qui étaient déjà présents au second verset du livre de la Genèse. Je lis ce verset 17 du chapitre 22 de l'Apocalypse:

L'Esprit et l'épouse disent: Viens!
Que celui qui entend dise: Viens!
Que celui qui a soif vienne,
Que l'homme de désir reçoive l'eau vive, gratuitement.

Nous retrouvons Ishah, l'épouse, cette aide du second récit de Création, unie à l'Esprit dans un même appel à être: "Viens!" Et celui qui entend l'appel répond aussi: "Viens!"

"Viens!", "Viens!", comme deux amants qui s'appellent à l'amour, à l'unité entre eux et avec Dieu. Au fond, toute cette histoire de Création n'est qu'une longue histoire d'Amour. Une histoire merveilleuse, éternelle; il reste à la vivre.

Pour ceux et celles qui voudraient approfondir davantage ce thême des récits de création, je peux conseiller les lectures suivantes:
-Annick de Souzenelle: "Alliance de Feu" dont je me suis largement inspiré. Mais je n'ai pas tout dit, le livre est en deux tomes, pour un total de 1400 pages (Albin Michel)
-Marie Balmary: "La Divine Origine". Une approche plus psychanalitique (Grasset)
-Marie-Louise Von Franz; "Les Mythes de Création" Ce livre ne se limite pas aux mythes bibliques (La Fontaine de Pierre)
-Élie Wiesel: "Célébration Biblique" une approche juive, (Seuil)
-Jacques Varonne: "Ce Dieu censé aimer la souffrance" Plus théologique. (Cerf)
-Jean Rousseau: "Le Baptême par le Feu". Ce livre a pour sous titre: la dernière étape de la création, mais il va beaucoup mois loin sur le sujet que ce livre-ci que je publie enfin. Par ailleurs, mes deux livres "Lumière du Rwanda suivi de Les Béatitudes" et "Venir à la rencontre", développent une vision du monde à la lumière des Béatitudes qui rejoint celle des récits de création (Sciences et Culture)

Table des matières

PROLOGUE..3
INTRODUCTION..8
PREMIER CHAPITRE :............ Premier mythe de Création de la Genèse 13
DEUXIÈME CHAPITRE : ....Deuxième mythe de Création de la Genèse.............27
TROISIÈME CHAPITRE : ....L'Arbre de la Connaissance.......................................38
QUATRIÈME CHAPITRE : .....Qaïn et Habel..51
CINQUIÈME CHAPITRE :...... Lemek...61
SIXIÈME CHAPITRE :............ Les versets ignorés..65
SEPTIÈME CHAPITRE : ....Noé...70
HUITIÈME CHAPITRE :......... Nouveau Testament..74
NEUVIÈME CHAPITRE :....... Autres mythes...80
DIXIÈME CHAPITRE : ....Le Dieu-Père, Source de Vie....................................88
ONZIÈME CHAPITRE :.......... Le Père, Source d'Amour..98
DOUZIÈME CHAPITRE : ....Le Père, Source de Joie..................................103
TREIZIÈME CHAPITRE :.......Le Père, Source de Pardon..108
QUATORZIÈME CHAPITRE : En marche vers l'Apocalypse...........................117

Oui, je veux morebooks!

I want morebooks!

Buy your books fast and straightforward online - at one of the world's fastest growing online book stores! Environmentally sound due to Print-on-Demand technologies.

Buy your books online at
www.get-morebooks.com

Achetez vos livres en ligne, vite et bien, sur l'une des librairies en ligne les plus performantes au monde!
En protégeant nos ressources et notre environnement grâce à l'impression à la demande.

La librairie en ligne pour acheter plus vite
www.morebooks.fr

OmniScriptum Marketing DEU GmbH
Heinrich-Böcking-Str. 6-8
D - 66121 Saarbrücken
Telefax: +49 681 93 81 567-9

info@omniscriptum.com
www.omniscriptum.com

www.ingramcontent.com/pod-product-compliance
Lightning Source LLC
Chambersburg PA
CBHW022014160426
43197CB00007B/429